中公新書 2809

宮垣 元著

NPOとは何か

災害ボランティア、地域の居場所から気候変動対策まで

中央公論新社刊

まえがき

「ＮＰＯ」と聞いて、どのようなことを思い浮かべるだろう。たとえば、紛争地から逃れた難民の救援活動や食糧支援をする人びとの姿だろうか。あるいは、孤立しがちな高齢者のケアや子どものための居場所での活動の様子だろうか。

災害の多い日本では、被災地には必ずボランティアの姿がある。こうした光景を思い浮かべる人も多いかもしれない。そういえば、高齢者を送迎する車に「ＮＰＯ法人」の名称を見ることもあれば、メディアが報じるニュースのなかや、それにコメントする識者の肩書きにもＮＰＯの文字が登場している。

中学校の教科書で活動が紹介され、大学入試で取り上げられるくらいなので、多少は知識がある人も少なくないだろう。

あるいはまた、企業の社会貢献や広報の、もしくは行政で福祉やまちづくりの担当となり、「ＮＰＯの人」とつきあいがある人も少なくないだろう。友人の転職先がＮＰＯである人や退職した元同僚がＮＰＯを設立した人、あなた自身がＮＰＯの活動にかかわる人かもしれない。あなただけでなく、親が、子どもが、ＮＰＯのサービスを利用していることも案外ありそうだ。もちろん、身近にまったく接点がない人も多いに違いない。

「民間非営利組織」（Nonprofit Organization）を意味する「ＮＰＯ」の語が、広く日本社会に紹介されたのは一九九〇年代のことだ。それから四半世紀以上が経ち、この語は日々のニュースでも注釈なしに登場している。国内のＮＰＯ法人は五万ほどの規模があり、同種の活動を行う他の法人組織や法人格のない団体などもすべて含めると、この規模はさらに大きなものとなる。日々の生活に欠かせないコンビニエンスストアの店舗数が五万五〇〇〇ほどであることを考えると、実は案外身近な存在だと言えるだろう。しかし、この身近な存在の実像と社会的な意味をどこまで説明できるだろうか。

日本社会のなかで、ＮＰＯとは、具体的な存在のようでどこかシンボリックな名称でもある。それが指し示す内実は実に多様で、ＮＰＯのみならず、民間非政府組織（ＮＧＯ）やボランティア、ソーシャルビジネスなど、光のあて方でさまざまな呼び名とイメージを持つ。

したがって、個々人の思い浮かべる活動や組織やその印象も、日頃のかかわり方により異なるだろう。福祉、子育て、教育、まちづくり、環境、国際協力、災害救援などの多様な活動の光景が頭に浮かび、それをありがたく立派なことだと思う人も、何やら胡散《うさん》臭いと思う人もいるかもしれない。実態としてもイメージとしても、どこか輪郭《りんかく》の定まらない存在だ。

しかし、この不思議な組織たちはたしかに存在している。いずれも公権力の支配とは独立に、市民の自発的参加を得ながら、非営利の組織活動として行われるものであり、そのように名付けられるはるか以前から社会に存在してきた。そして、国際情勢や社会経済の激しい変化のなかにあって、活動の幅も全体的な規模も拡大し、その役割への期待がここまで高まったのは近年のことでもある。その意味で、NPOはもっとも古く、そして、もっとも新しい組織だと言える。

本書の根底にある問題意識は、NPOが、さらにはNPOに代表される組織群であるソーシャルセクター全体が、日本社会で彩りある豊かな市民社会をいかに形成できるかにある。そのためには、まずNPOが先入観なく受容され、この組織が自分ともどこかで関係があることを知る必要があるだろう。

本書は、NPOについて「知っているようで、よく知らない組織」と感じている多くの方々を念頭に置きながら書いている。個別の活動事例の紹介や組織運営の方法ではなく、これまであまりNPOと関係のなかった人にも、ぜひ知って欲しい内容を記している。その点では、NPOとの関係が深い人には、あたりまえの話が多くあるかもしれない。その一方で、NPOが一定の認知を得て以降、その経緯や理念を知りたいとのニーズもあり、実際にそうした相談を受けることも多くなってきた。こうした局面で、本書がきっかけとなり、あらためて何らかの気づきとなるようならうれしい。

もちろん、データや制度の動向は、執筆時点でなるべく新しいものを紹介している。ただ、変動の激しいNPOも、四半世紀やそれ以上を振り返ると、意外に似たような出来事や、本質自体は変わっていないことも少なくない。NPOの次、その次へと関心が向かうことは、その発展のためにも大事だが、ここでは、新しさだけを追うのではなく、日本の社会のなかで比較的安定的に言えそうなことに関心を置こうと思う。

この本では、次の七つのテーマを順に取り上げよう。NPOが注目されるようになった背景とその定義。この存在のわかりづらさの要因。制度設計と設立や参加の方法。実態とそれを取り巻く状況に関するデータ。日本における歴史的展開。存在理由と特性を理解するための理論。以上を踏まえて、日本社会におけるNPOの必要性である。

こうして書き出すと、ずいぶん大上段に構えたように見えるが、これらで問いたいことは、べき論でも経営ノウハウでもなく、この社会にNPOが存在することの意味と可能性だ。誰かのための組織のように見えるNPOは、同時に自分たちのための組織でもある。そのことの理解が少しでも深まることで、わたしたち自身が社会とかかわっていくための手がかりを見出すことにつながればと思う。

目次

NPOとは何か

序章　社会に浸透するNPO

日本社会のなかで

社会には、民間の組織でありながら企業ではなく、人びとのために活動しながら行政でもない存在がある。民間非営利組織（NPO）と呼ばれるこの存在は、実は古くからあって、社会に欠かせない活動を行ってきた。NPOという語はアメリカに由来するが、この語に馴《な》染《じ》みのない国々でも同様だ。資本主義国でも社会主義国でも、先進国でも途上国でも、国際社会でも地域社会でも、用語は違えども、類似の組織活動が見られる。

日本社会でも、NPOはもはや欠かせない存在だ。たとえば、災害の現場ではボランティアの力が不可欠だが、そうした力を柔軟に受け入れて活かす役割だけでなく、長く続く被災者の支援や、その後の地域づくりにも大きな役割を果たしている。NPOと聞いて、こうした姿を思い描く人も多いだろう。

一九九五年の阪神・淡路大震災を契機として神戸で生まれた認定NPO法人「コミュニテ

認定NPO法人コミュニティ・サポートセンター神戸（兵庫） 地域の多様な人が集う居場所をつくる。阪神・淡路大震災以降、地域コミュニティの創出を行っている

ィ・サポートセンター神戸」（CS神戸）は、九六年に中村順子らが設立した。すでに「老舗《しにせ》NPO」と言える存在だが、そこにいたるまでにも長い歴史がある。

中村は、住民参加による高齢者の在宅福祉サービス団体の先駆けである「神戸ライフ・ケアー協会」（一九八二年設立、現NPO法人）への参加を経て、九五年の震災直後に「東灘・地域助け合いネットワーク」（現認定NPO法人）の立ち上げを行っていた。震災前後の活動を通して、身近な地域関係の重要性やコミュニティづくりの必要性を痛感していた中村は、これらの支援を目的に同団体を立ち上げた。

CS神戸の活動は、NPOの中間支援と呼ばれるものだ。さまざまな主体の間に立って、団体の設立支援や地域の居場所の立ち上げ、地域活動への参加や就労支援、政策提言など、活動範囲は想像以上に幅広い。中村自身も「一人では無理なので、つながらないとやっていけない」と言うほどだ。しかし、つながることとは、多くの人を巻き込んでいくことでもあり、これにより多くの結果を残してきた。

実際、設立当初からの一五年ほどの間に、一五〇近い事業を展開し、福祉や子育てなどに取り組む二五〇ほどの団体設立を支援してきた。新型コロナウィルスの影響で「つながる」ことの危機に直面した二〇二一年度だけでも、新規の立ち上げ団体が六三、新規の相談者が一〇〇〇人近く、新規の立ち上げ団体が六三、そして新たに活動を始めた人は六七〇人だったという（CS神戸「2021年度事業報告」）。着実に地域にイノベーションを起こしてきた存在と言っていいだろう。

NPO法人ホールアース自然学校（静岡）　1980年代からの活動は全国に。企業・行政との協働事業も手がける

大学卒業後、CS神戸に新卒として就職し、事務局長を務める飛田《ひだ》敦子《あつこ》は、地域の居場所と多様な役割の創出を多くの仲間とともに進める。飛田にとってNPOとは「こうありたい未来づくりに参加する」ことそのものだと言う。

一九八二年の環境教育活動から始まったNPOの「ホールアース自然学校」は、富士山の麓の本校をはじめ、沖縄や福島など全国七つの拠点を中心に、各地で自然体験プログラムなどの多様な活動を行っている。一九九〇年代には、学校が行う教育旅行を多く担っていたことから、富士山での自然教室でこのプログラムに参加した人も相当数いる。

ホールアース自然学校の活動は、環境教育を柱としながら、里山や森づくり、エコツーリズムの開発、人材育成や社員向け研修事業など、広範囲に及ぶ。阪神・淡路大震災や東日本大震災では、いち早く支援活動を行った。個人の参加のみならず、行政との協働事業や、企業とのパートナーシップも多い。NPO法人とともに、グループには株式会社と農業生産法人もあり、こうした組織形態もユニークだ。環境分野のNPOという言葉から多くの人が抱きがちなイメージより活動の幅ははるかに広く、組織の姿も企業のそれとはだいぶ異なる。

ここで長らく自然体験活動を続ける理事の大武圭介《おおたけけいすけ》は、社会人や学生に向けたプログラムを次のような想いで作成している。「自然の生態系と同じように、社会にも何一つ無駄なものはなく、気づいていない存在にも価値や役割がある。こうした活動を通じて、そのことに気づくきっかけを作りたい」。その手応えは、活動を通した実感から日々得られている。

大武自身も、NPOでの活動について「常に何か新しいことをかたちにしていくこと」の価値とやりがいを感じている。個別の状況のなかにある社会課題や自然そのものに直接かかわるため、決まった方法やルーティンがないからだ。世にあるサービスや制度の先を行く意味で、「スタートアップ企業と似たような刺激」と表現した。

つながる実感

さまざまな難しいテーマに向き合いながらも、生き生きしている。飛田や大武からともに感じる印象だ。思い描く未来があること、新たに創り上げる刺激があることが、そうさせるのだろうか。

NPOの活動は、誰も後回しにしがちだが、いま誰かがやればきっと状況がよくなるというものだ。そして同時に、取り組む人にとっても得ることの大きい貴重な場ともなる。その意味でのNPOとは、社会に働きかけるとともに、参加する人自身を変える存在でもある。

人づくりそのものに取り組むNPOもある。アメリカ・カリフォルニア州のNPOが実施する教育プログラムには、日本をはじめ、アジアから数多くの若者が参加している。多様なメンバーどうしが異文化を理解しながら、社会課題の革新的な解決策の発想や方法を学ぶ。

教育と言っても、学校に通うのではなく、権威ある教師もいない。さまざまな経歴を持つNPOのメンバーが、実践と創造の方法を学ぶデザイン思考のグループワークや地域のフィールドワークを主導する。参加者は地域社会に見られる生の課題に触れながら、自分と異なる世界を深く理解し、自らの立場を相対化していく。社会と自分自身のかかわりを問い直し、自分に何ができるだろうかと考える。何かの知識を得たこと以上に、社会にかかわる実感と、

アメリカのNPO「VIA」 1960年代からアメリカとアジア諸国の若者の交流・相互理解を推進。次世代のリーダー育成のプログラムも展開

そこで目を見開かされた経験こそが重要だ。

このプログラムを実施するNPO「VIA」が始まったのは一九六三年。香港の中国人難民の支援プログラムにさかのぼる。スタンフォード大学の寮長ドワイト・クラークの呼びかけによるものだ。このNPOの名前の由来「Volunteers in Asia」のとおり、アメリカの学生をアジア諸国の地域コミュニティへ送り出し、逆に、アジア諸国の若者を受け入れてきた。その数は、合わせて一万人超。日本の大学との連携もあり、若者も数多く含まれる。何より、ドワイトを継いで二〇一六年から代表を務める石田一統《かずとう》自身が、学生時代にこのプログラムを体験した一人だ。

日本で企業勤めの経験もある石田は、大学院で学位取得後にアメリカでNPOを運営する立場となった。アメリカでは、こうして企業と政府、NPOを行き来するキャリアは決して珍しくない。企業や政府に勤めながら、NPOの活動を行う人にもよく出会う。

日米にまたがってこうした経験をしてきた石田は、ＮＰＯにかかわる重要な意味を次のように語る。

「会社に自分の人生をコントロールされるのではなく、社会的なミッションに動かされている。それが自分の大事にしたい価値とつながっている」。特に大きな刺激なのは、参加する人たちがプログラムを通して「何かのインパクトを得る瞬間」に立ち会えること。参加者一人ひとりの変化が、やがて社会の変化につながっていくからだ。ＶＩＡは、こうして世界中の国の人びととの相互交流を長らく続けてきた。

社会のなかでの位置づけ

ＶＩＡの拠点があるカリフォルニア州シリコンバレーに近いスタンフォードやサンフランシスコ、その対岸のバークレーやオークランドなどを含む一帯は「ベイエリア」と呼ばれる。数多くのスタートアップや著名なＩＴ企業の集積で知られ、さまざまなビジネスと技術のイノベーション発祥の地だ。同時に、実はＮＰＯのメッカでもある。世界中で利用される生成ＡＩ「ＣｈａｔＧＰＴ」の開発で知られる「オープンＡＩ」も、利潤追求ではなく「人類全体に利益をもたらす人工知能の普及と発展」を理念に掲げて二〇一五年にスタートしている。形の上ではこれもＮＰＯだ。

NPO法人まちの食農教育（徳島）　土に触れ、食を通し、学べる環境をつくる。これらをつなげる活動を実践

他にも、地産地消や持続可能性を重視するカリフォルニア料理発祥のレストラン「シェ・パニース」のオーナーシェフで、『アリスのおいしい革命』の著者でも知られるアリス・ウォータースは、「Edible Schoolyard Project」（エディブル・スクールヤード）を一九九五年に始めた。このNPOは、バークレー市の公立中学校で子どもたちに食の教育を行う。生徒たちは、校庭で作物の世話をし、皆で料理をし、食卓を囲む。一連の過程を通じて、農作業の知識だけでなく、作物の地域社会や歴史文化とのかかわり、作物の市場価値、献立の意味、味覚の表現や食卓のコミュニケーション、感受性や想像力など、さまざまな要素の相互依存を学ぶことになる。四国で活動する「まちの食農教育」のように、日本各地でも広まりつつある食育活動の先導的取り組みだ。

また、オークランドのNPO「ブリッジグッド」は、若者にITやデザインスキルを学ぶ機会を提供する。ベイエリアの名だたるIT企業の支援も受けながら、そうした企業に優秀な人材を輩出している。ＮＰＯと企業もこうしてつながっているのだ。社会階層や人種による機会の格差の大きいアメリカ社会では、こうしたキャリアパスを提供するのもＮＰＯの重要な役割だが、格差社会化する日本でもこうした取り組みはますます重要になるだろう。

日本の状況は、ＮＰＯ大国として知られるアメリカとは大きく異なると思われるかもしれない。社会の構造も歴史も寄付文化も、法人制度や税制も異なるため、同じでないのは当然のことだ。特に、アメリカのなかでもリベラルな街として知られるベイエリアの出来事は、日本社会から見れば、ずいぶん遠い世界の話のように聞こえるかもしれない。

しかし、そう分けて考えるのは早計だ。違いがあるとすれば社会的な位置づけの方で、活動にも人にもそう違いはない。社会やくらしのあり方を、自ら「こうしたい」「こうあるべきだ」と考え実践する活動は、歴史や制度の違いを問わず、どの社会にも存在している。

NPOという名称

「マネジメントの父」として日本でも広く知られるピーター・ドラッカーは、ＮＰＯを「人と社会を変える存在」と、その本質を表現した。その「ＮＰＯ」という言葉が広く日本社会に紹介されたのは一九九〇年代のことである。

ＮＰＯは、「Nonprofit Organization」もしくは「Not-for-Profit Organization」の略で、「民間

非営利組織」と訳される。似た言葉に「NGO」があり、これは民間非政府組織を意味する「Nongovernmental Organization」の略である。前者は、営利目的ではなく、企業とは異なることを強調している。後者は政府機関ではなく、特定国の代表でないことを意味する。

名前は大事なアイデンティティだ。企業でないことを強調することに意味があればNPOが、政府の見解を代表していないことを強調する場ではNGOが、それぞれ意味を持つ。前者には福祉や教育、まちづくりなどの国内分野に多く、後者には環境や国際、人権などの国境を越える分野に多いのはそうした理由からだ。

ただ実際のところ、NPOとNGOの境界は曖昧《あいまい》と言える。経緯や規模や活動はさまざまだが、共通点は、政府とは独立に、自発的に活動を行う民間の非営利の組織であることだ。したがって、両者を「NPO」と総称することが多い。以下、本書でも「NPO」の語を用いるが、そこにはNGOも含まれる。

二つ目の共通点は、国内外や規模の大小を問わず、ある社会状況を是《ぜ》とせず、その解決や改善を志向していることだ。目指したい社会ビジョンがあり、それを実現するための社会的使命《ミッション》を掲げる。最上位の目的が個人や組織の経済的利益の最大化でなく、社会的利益を志向した活動を行っている。

三つ目の共通点は、そこに立場を超えた市民の参加があることだ。それぞれの肩書きから離れ、一人の個人として、組織運営や活動の担い手となり、あるいはボランティアや寄付者として支援を行う。そこに課題の当事者が含まれることもある。もちろん、大規模なNPOでは有給の職員がおり、経営スタッフの役割を担う。この人たちだけが「NPOの人」と見られがちだが、実際のNPOには市民の多様な参加と支援があり、これが基盤だ。企業人も行政職員も掛け持ち可能で、学生であろうと退職者であろうと設立も参加もできる。

この「NPO」の語は、日々のニュースのなかで、注釈や説明なしに頻繁に登場している。また、国内のNPO法人（第3章参照）は全国で五万ほどの規模だが、これ以外の法人形態やボランティア団体なども含めると、さらに大きな数となる。

先述のCS神戸のある兵庫県を例に見ると、県内のNPO法人は二〇〇〇法人ほど、社会福祉協議会に登録する地域のボランティアグループなどの任意団体までを含めた全体では、把握できるだけで七〇〇〇を超える（二〇一九年時点）。同県のコンビニエンスストアの店舗数が二〇〇〇ほどであることを踏まえると、どこか遠い国の、この社会に無関係の話だとは言いきれないだろう。

国際社会から地域社会の隅々にいたるまで、あるいは政策検討の会議から日々の介護や子育て、教育といったヒューマンサービスの現場まで、社会のなかで、人知れずNPOは欠かせない存在となっている。「そんなことをやって何になるのか」「根本的な解決になっていない」「結局、自己満足ではないのか」といった声もあるが、それに構う間もなく日々の活動は進んでいる。

災害の多い日本では、被災地の支援や復興への取り組みも、多くの力を結集する中心にNPOがある。地域では、人びとの居場所をつくり、まちづくりを推進するNPOは多い。急増する「こども食堂」の運営主体の多くもNPOだ。世界的にも、気候変動問題を考える国際会議では、NGOがすでに大きな役割を果たしている。紛争地や最貧国の最前線で人道支援を行う組織も少なくない。

介護も子育ても国際社会も地域社会も自分には関係がないと思う人も、ウィキペディアに頼ることはあるだろう。これも組織形態としてはアメリカのNPO（ウィキメディア財団）であり、そのコンテンツの執筆や編集は世界中のボランティアの手によるものだ。

NPOは、もはや社会であたりまえの存在であり、この社会に一切のNPOが存在しなければどうなるのだろうとさえ思うほどだ。

「世界寄付指数」は最下位

「世界寄付指数」（World Giving Index）という指標がある。イギリスのNPO「Charities Aid Foundation（CAF）」が、世界規模の世論調査データに基づいて毎年公表している。

新型コロナウイルス感染症のパンデミックを経た二〇二二年に公表されたデータでは、世界全体での寄付指数はもっとも高くなった。この指数を構成する「見知らぬ人を助ける」「寄付を行う」「ボランティアを行う」の三つの項目がいずれももっとも高くなったからだ。

このなかで、日本は一一九ヵ国中一一八位、つまりワースト二位である。主な要因は、先述の三つの項目がいずれも低く、「見知らぬ人を助ける」が特に低いからである。次いで公表された二〇二三年度版（二〇二二年実施）でも大きく変わらず、一四二ヵ国中で一三九位。指数で見るとワースト二位だ。

実は、日本は長らくこの値が低い。二〇〇九年からの一〇年間全体では、一二六ヵ国中の一〇七位、特に「見知らぬ人を助ける」については一二五位であり、パンデミックただなかの二〇二〇年では一一四ヵ国中最下位だった（CAF 2019, 2021, 2022, 2023）。

低い日本のスコアについて、レポートでは、日本の市民社会の拡がりが限定的だと指摘する。寄付の制度も複雑で、「国が与えてくれる」ことへの期待が高く、組織化されたＮＰＯは比較的新しい存在だと述べる。

たしかに、納税する身からすれば、政府の責任をまず問いたくなる。低経済成長期に入り、格差も拡がるなかで、社会や他人のことに構っていられない本音もありそうだ。ただ、国際比較の結果は、こうした態度は必ずしも普遍的なものではなく、現代の日本社会固有の現象であることを示している。

ＮＰＯが欠かせなくなっていると先に述べたばかりだが、他方で、寄付のような支え合う活動と、世間一般の距離が遠いようにも見える結果だ。これはどう考えればいいのだろうか。本書の問題意識は、ＮＰＯや、それに関係する人や活動のなかの世界と、ふだんＮＰＯとかかわり合いのない人たちとの距離の隔たりである。

ＮＰＯは社会に欠かせない存在になっているとは言え、それと無関係と思っている人からすれば、どこか得体の知れない存在のままではないだろうか。

アメリカ社会では、連邦政府（二四％）や州政府（二八％）、大企業（二六％）よりもＮＰＯ（五二％）への信頼が高い調査結果もある（カッコ内は信頼度の高さ。Independent Sector 2023）。ＮＰＯがいかに社会に普通に存在しているかを示唆している。

振り返って、日本はどうだろうか。もちろん、アメリカを理想に、それを目指そうと言うのでは決してない。それ以前の話として、そもそも、ＮＰＯの実像と社会的な意味をどこまで知っているだろうか。

ソーシャルセクターとして

ＮＰＯは、大きく変貌していく社会に対応してその姿を大きく変えている。

世界規模で活動するNPOや高い事業性を持つNPOもあり、法人格も多様となった（第3章参照）。形態は株式会社でありながら社会課題の解決を志向するソーシャルビジネスもある。主体の類型から見れば個々に異なるが、実際の活動は、組織単独ではなく、さまざまな主体の協働で取り組まれている点が重要だ。そのなかに行政や企業が含まれることはすでに珍しくない。NPOの活動は、こうして一つの組織を超えて広がっている。このような社会のさまざまな課題に取り組む諸組織・諸活動の総体を「ソーシャルセクター」（Social Sector）と言う。

ここで言うセクターとは範疇《はんちゅう》や部門を指し、国や地方自治体が担う政府セクター、民間企業が担う市場セクターに対して、ソーシャルセクターは三番目のセクターという意味で「サードセクター」とも言う。ただ、そのまま日本語に訳すと第三セクター（「三セク」）となり、これは日本独特の用法のため注意が必要だ。三セクという場合には主に政府出資による民間企業を指しており、市民の参加を得て社会課題解決に取り組むソーシャルセクターとは異なる。

台湾の新型コロナウイルス対策で大きな役割を果たしたオードリー・タン（当時のデジタル担当大臣）は、自発的に社会課題に向き合い、その解決に向けて立場を超えて取り組むソーシャルセクターの重要性を強調していた。既存の方法が通用しない複雑な課題を前に、革新的な方法を生み出すためには、誰かに任せたままではなく、当事者である市民の参画や協働が鍵となるからだ。NPOは、ソーシャルセクターの参画と協働の先導役と言える。

社会課題の増大、未来の模索

社会にさまざまなNPOが存在する。その最大の背景は、グローバル化が進行し社会が複雑化、多様化するなかで、次々と新たな社会課題が顕在化しているからだろう。こうした課題への細やかな対応は、財政上の制約のなかで広く公平に対応することが求められる政府でも、より多くの利潤を生むことが要請される企業でも難しい。ここに社会課題の解決主体としてのNPOの役割があり、いまこの瞬間も、その対応しきれない多様なニーズに多くのNPOが向き合っている。

もう一つの大事な背景は、自発性を基盤とする組織活動に、実際に多くの人びとが参画している事実だ。いかに社会的要請が強くとも、それに向き合おうとする人びとの力がなければ、NPOの拡大を説明することができない。社会課題を他人事としない、自分の経験や知識を社会に役立てたい、同じ境遇や問題意識を持つ仲間とつながりたいなど、共感やコミットメントから参加する層が広く存在しているのである。

この流れのなかには、社会課題の解決を志向する若者の社会起業家への関心の高まりや、企業人がシニア起業家として自身の経験を社会に活かそうとする姿がある。企業の新卒採用時に、学生がその企業の社会的取り組みに関心を寄せるのも広く捉えれば同じ流れだろう。簡単な解法のない社会課題の増大と、社会の役に立ちたいという共感の高まり。見通せない将来のなかで、あるべき未来を模索しようという動き。

ソーシャルセクターの拡大とNPOの変容は、こうした観点から見るほどに謎に満ちた存在に思えてくる。そもそも、社会的な期待をNPOがすべて背負いきれるわけではないなかで、この組織はどのように課題解決に資するのか、他にどのような役割を果たせるのか。企業との違いは何か、そしてわたしたちがこの組織を育て参加することにどのような意味があるのか。

NPOの語についたイメージで単純化せずに、こうした不思議を深く洞察するなかに、本来的な魅力とこれからの可能性が浮かび上がってくるだろう。

＊

以下、各章について簡単に説明しておこう。

第1章では、日本社会でNPOが注目された背景を概観する。

第2章では、この不思議な存在が「なぜそのように見えるのか」について、相反するいくつかの観点から考える。

第3章は、NPO法などの法制度が、どのように成立し、NPOをどう捉えるのかについて見ていく。あわせて、NPO法の概要と、その他の法人形態についても触れておきたい。

第4章では人びとの意識や組織の実態のデータから、第5章では戦後の歴史的経緯から、それぞれ日本のNPOの趨勢と状況について俯瞰しよう。

ここまで述べたことを踏まえて、それを理論はどう捉えるのかについて第6章で整理する。そして第7章で、日本社会においてNPOが存在することの意味についてあらためて考えたい。

このような順番で進めるのは、NPOを教科書的に理解するのではなく、むしろ複雑性の方に目を向けたいと考えたからだ。もしNPOへの特定のイメージがあるとすれば、それが次第に塗り変わるようなことになればと願うのだが、果たしてどうだろうか。

それではまず、日本で「NPO」という語が広まった頃の話から始めよう。

第1章　求められる時代背景

1　「ボランティア元年」の衝撃

阪神・淡路大震災の衝撃

そもそも「NPO」とはどういう存在か――。このことを考えるにあたり、一九九〇年代の出来事を振り返ることから始めよう。

日本で「NPO的なもの」、つまり非営利で公益的な活動を行う民間の組織の歴史は長い。他方、「NPO」の語が明示的に紹介され、それが今日のような意味やイメージを持つようになったのは比較的最近のことだ。その意味で、日本のNPOには長い歴史と短い歴史がある。この章では短い歴史の方に目を向けたい。

その起点は、一九九五年に起きた阪神・淡路大震災におけるボランティアの活躍である。

阪神・淡路大震災により倒壊した高速道路、1995年1月17日　最大震度7の地震により建物の倒壊や火災が発生、多くの犠牲者を出す。当時、戦後最大の災害だった

その後の日本のＮＰＯにとっても、この頃の時代状況はきわめて重要だ。

一九九五年一月一七日午前五時四六分、兵庫県神戸市を中心とする大都市を襲ったこの地震は、死者六四三四人、負傷者四万三七九二人、住家被害六三万九六八六棟（全半壊と一部破損）という未曽有の災害だった。

同時に、数多くの「ボランティア」と呼ばれる人びとが被災地で活動し、多くの人の記憶に残るものであった。被災地で活動を行ったボランティアの数は、最初の三ヵ月間で延《の》べ約一一七万人、一年間で延べ約一三七万七〇〇〇人。最初の一ヵ月は一日平均二万人が活動を行っている（兵庫県県民生活部生活文化局生活創造課調べ）。何度も現地に足を運んだ人を含め、当時の避難所を中心に、日々ボランティアが何らかの救援活動を行う光景があったことを示す数字である。

多様な参加者のなかで、特に目立ったのが学生などの若者の姿だった。調査では六割強が二〇代以下であり、初めての参加も六割に近かった（「阪神・淡路大震災におけるボランティアの実態調査」）。携帯電話もインターネットもまだ一般的でなかった当時、ボランティアの多くは、テレビやラジオ、新聞で報じられる被災地や避難所の様子に触れ、確たる手がかりもないなか被災地に入り、最大で一一五三ヵ所存在した避難所などでの情報を頼りに自分の活動を見つけていった。特に誰に言われたわけでもないのにである。

のちに、一九九五年は日本の「ボランティア元年」と呼ばれるようになった。それは、当時の日本のボランティア観を質量の両面から変えたからに他ならない。

それまでは、日本で「ボランティア」と言えば、特定の活動内容や限られた人たちのものだと考えられる傾向にあった。「ボランティア」（原義はラテン語のヴォランタス「自由意志」。ウォロ「自ら進んで～行う」に由来する）の語の持つ響きは、実際はそうでなかったにしても、どこか「特別な分野で、特別な人たちが行うもの」「意識の高い人たちが行うもの」などのイメージを孕《はら》んでいた。使命感が強く自己犠牲的と言い換えてもよいかもしれない。端的に言えば、「ボランティアをする人＝偉い人」というイメージだ。宗教観の異なる日本社会では西欧由来のボランティアは根付かないとも思われていた。

だが、若者を中心とする数多くの参加は、そのイメージを「誰もがかかわり合いのありそうな、普通の活動」へと、社会の見方をすっかり変えた。

当時の新聞記事は、避難所や街中で支援を行うボランティア活動を紹介するもの、なかでも若者が多いことに触れている。阪神・淡路大震災を契機に増加したボランティアに関する記事数は、いかに当時のボランティアの活動が、社会的に「目を開かせる」ものだったのかを示している。突然の大災害での被害と混乱を前に、政府も行政も社会の誰も想定していなかった市民の活動が自発的に起こった。それは、ある種の驚きでもあった。

災害でのボランティアの拡大

大規模な災害の多い日本では、実はこれ以前にも支援活動は行われ、その後の災害や事故でも多くのボランティアが被災地に赴く姿が報告されている。

たとえば、一九九七年一月の島根県沖でのロシア船籍タンカー・ナホトカ号重油流出事故では、当初三ヵ月で延べ約二七万五〇〇〇人が重油回収を行っている。二〇〇四年一〇月の新潟県中越地震では三年間推計で延べ約九万五〇〇〇人が活動を行った。二〇一六年四月の熊本地震や各地で頻発する豪雨災害、二〇二四年一月の能登半島地震の被災地にも、必ずボランティアの姿があった。さかのぼれば、関東大震災でも支援活動は行われている(第5章)。

二〇一一年三月の東日本大震災では、社会福祉協議会が被災三県に開設した災害ボランティアセンターを通じて活動したボランティアは、その後七年ほどで延べ一五四万人以上となる。実際には、ボランティアセンター以外からの参加が多くあり、その規模はこれよりはるかに大きいはずだ。その後も復興支援活動は続いている。

とりわけ地震や豪雨水害などといった自然災害が頻発する時代に、こうした存在の重要性は高くなっている。災害時には、多くの支援者が県内外から集まり、「災害ボランティア」や「防災ボランティア」の語も一般的となった。

この語が日本の法律に明記されたのも、一九九五年の「災害対策基本法」の改正でのことだ。一月一七日は、その後「防災とボランティアの日」と定められた。

一見ささやかな（ように見える）ボランティアの活動が、いったい何の役に立つのだろうと思う人や、美談のように語られるばかりで眉唾《まゆつば》だと思う人もいるだろう。そうした腑に落ちなさは、実際に活動を行うボランティア本人が一番感じる葛藤《かっとう》でもある。両者に違いがあるとすれば、違和感を持ちながらも「実際に行動した」点にあると言える。「状況の外にある言説の世界」とは別に、

東日本大震災・災害ボランティアセンターで登録する人たち（仙台）、2011年3月20日　震災後、ボランティアとともにNPOによる復興支援活動の役割が大きかった

苦しい立場にある人にとってみれば、共感し寄り添う存在の心強さはあるだろうし、まず誰かが動くことで初めて事態が変わることもあるだろう。

大きな惨事に直面したとき、人びとは利己的になるのではなく、むしろ利他的に思いやりを示すコミュニティが立ち上がるという指摘もある。環境や人権に関する著作も多い作家のレベッカ・ソルニットは、大地震やハリケーンなどの自然災害、巨大テロや戦時下の空襲などの事例を通して、この状況を「災害ユートピア」と呼んでいる。

世界的な関心の高まり

震災がある日突然起こったように、それが契機となった「ボランティア元年」も偶発的に見えるが、必ずしもそうとも言いきれない。民間の公益的な活動の台頭、それを担う民間非営利組織（NPO）への関心は、当時の世界的な潮流だった。

阪神・淡路大震災の前年、アメリカの著名な国際政治経済誌『フォーリン・アフェアーズ』（一九九四年七・八月号）に、NPO研究の第一人者として知られるレスター・サラモンが「非営利セクターの台頭」（"The Rise of the Nonprofit Sector"）と題する小論を発表した。サラモンは、北米、西欧諸国やアジア先進国、旧ソ連諸国やアフリカなど、政治経済体制の違いを問わず、世界的なNPOの急激な台頭があると述べ、人びとの目を「三番目の存在」すなわちNPOへと向けさせた。

このことは実証的にも明らかだった。著書『台頭する非営利セクター』では、「形態は民間であるが、目的においては公的色彩のある第三番目の組織集合」の存在を浮き彫りにし、社会について市場と政府の「二つのセクター」で概念化し把握しようとする伝統的方法」は根本的な見直しに迫られていると指摘している。サラモンは、近代福祉国家の衰退を背景に起こっているこうした爆発的な増加を「世界的な連帯革命」（Global Associational Revolution）と称した。

当時、「非営利組織」への言及は、ピーター・ドラッカーの『非営利組織の経営』にも見られる。ドラッカーはマネジメント論の巨人だが、その関心が非営利組織にまで及んでいることに注目したい。むしろ、マネジメントの重要性を非営利組織とのかかわりでも論じており、そのために財団設立まで行っている。ドラッカーの言う非営利組織は、私立学校や病院などを含む、より広義のカテゴリであること には注意が必要だが、その存在がボラ

ピーター・ドラッカー（1909〜2005）　ドイツ系ユダヤ人。ジャーナリストとして活躍後、ナチから逃れアメリカで国籍取得。ニューヨーク大学教授などの研究職に。経営学・マネジメントの巨匠として日本でも名高いが、非営利組織にも強い関心を寄せていた

ンティアや寄付により成り立っていること、活動に多くの市民が参画している事実を指摘し、非営利組織の存在こそがアメリカ社会を特徴づけていると喝破《かっぱ》した。

同じくマーケティング論の巨人であるフィリップ・コトラーの『非営利組織のマーケティング戦略』が邦訳されたのも一九九一年である。ドラッカーと同様に、日本とアメリカ、ボランティアと非営利組織の違いは大きく、その範疇も異なるが、こうした影響力のある人の指摘は、経営者層も「非営利という組織カテゴリ」を認知する契機となっただろう。

アメリカ社会における市民参加や非営利組織との関連では、一九八〇年代には、ドラッカーやコトラーとは異なる文脈で、社会学者のジェシカ・リップナックとジェフリー・スタンプスが、アメリカで草の根の市民活動が連帯し広がりを見せる様を指して「ネットワーキング」の概念を提唱していた。一九八〇年代を通して強大な政治経済を体現する「国家としてのアメリカ」に対し、草の根の連帯が作り出されていた。

その「もう一つのアメリカ」像と社会編成原理としてのネットワーキングの可能性は、社会学や組織論をはじめとする研究分野と、さまざまな分野で活動していた実践の世界の双方に影響を与えた。SNSが広まる以前に、人びとのつながり方とその影響力を予見していたと言っていい。むしろ、その「力」の使い方について、より明確なビジョンがあった。

日本での未知なる組織、その「発見」

こうして、一九八〇年代後半には、アメリカにおける非営利組織の役割やネットワーキングの考えが日本に紹介されていた。たとえば、一九八七年には、アメリカで政策研究を行う非営利組織にいた上野真城子が、アメリカの地域コミュニティで重要な役割を果たしている存在をカタカナ語で「ノン・プロフィット・オーガニゼーション」として紹介している。また、ネットワーキングの議論に触発され設立された日本ネットワーカーズ会議が、「ネットワーキングを形に！　個人と社会の新しいあり方を考える」と題するフォーラムを一九九二年に開催し、ここでアメリカのNPOを紹介した例もある。

こうした日本の状況については第5章で詳しく取り上げるが、重要なのは、政治経済、経営組織、地域社会といったそれぞれの切り口から、NPOの語とともに、その趨勢や社会的影響についての動向が日本に紹介されていたことである。

ただし、実際には、この輸入概念の実質的な中身について日本社会では十分なリアリティを伴っていなかった。NPOの概念は、一部の関心層とは別に、一般社会には当時ほとんど浸透しておらず、多くの人にとって、内実の定まらない「未知なる組織」だったと言える。

そのなかで迎えた一九九五年。概念として知られていたネットワーキングやNPOが、実際に活動するボランティアと結びつくのはそう難しいことではなかった。たとえば次のように、アメリカの状況を紹介しながらボランティアとNPOを結びつける記事がある。

国の成り立ち自体、先に「民」があり、あとから「官」が出来た米国は「ボランティア先進国」である。ボランティア組織は、社会に不可欠な機能として組み込まれている。〔中略〕そういう米国と、政府と企業だけが発達し、非営利組織が遅れている日本の単純比較はできないが、学ぶべきことは多い。（『朝日新聞』一九九五年二月八日）

一方で、未知なる組織であるNPOの実体を見出し、他方で、その後のボランティアの方向性をNPOへと構想する。NPOは、いわばこうして「発見」されたのである。

時代が求めた活動と組織

もっとも、非営利で公益的な活動を行う民間の組織自体は、日本でも古くから存在してきた。また、アメリカでの市民参加も、さかのぼれば一九世紀にアメリカ社会を見聞したフランス人アレクシ・ド・トクヴィルの記述にすでに見ることができる。理屈上は、近代国家(政府)や資本主義(市場)の成立以前から非営利の組織形態は存在していたはずで、社会にはまず先に非営利組織のような存在があった、と言っても大袈裟《おおげさ》ではない。

制度から見ると、非営利の法人格を持つ組織は、私立学校、福祉施設などをはじめ、世界中に存在する。実際、サラモンやドラッカー、コトラーが述べた非営利組織には、こうした存在が含まれていた。日本でも、学校法人や社会福祉法人などはそうした存在だ。

しかし、日本で阪神・淡路大震災時に脚光を浴びたのは、市民による自発的な支援や参加活動であり、当時は制度化されておらず、個々人のボランティアや草の根のボランティア団体などがその中心だ。それがNPO概念と結びつき独自に位置づけられていったのである。

当時の時代背景もある。阪神・淡路大震災が起こる前後の時期は、日本社会全体が、いきづまりや閉塞《へいそく》感に覆われていた時代でもある。

日本ではバブル経済が崩壊し、新卒求人も減る、いわゆる就職氷河期に突入していた。「失われた三〇年」のはじまりでもある。数々の企業の不祥事も相次いだ。「大企業だから大丈夫」との認識が、いかに根拠薄弱な思い込みかを知らされたのである。

政治の世界では、リクルート事件や東京佐川急便事件など、政官財に及ぶ大型の汚職事件が相次ぎ、既成政党への批判や政治不信が非常に高まった時代でもある。一九九三年には細川護熙《もりひろ》政権成立による「五五年体制の崩壊」へとつながっていった。薬害エイズ事件やゼネコン汚職の実像が明るみに出たのもこの時期である。日本社会の中枢たる統治機構や官僚機構のあり方へも疑念の目が向けられるようになった。

さらに、阪神・淡路大震災直後の三月にオウム真理教による地下鉄サリン事件があり、数多くの若者を巻き込んだ凄惨《せいさん》な事件に社会全体が震撼《しんかん》した。日本社会の奥底で大きな軋《きし》みが生じていることを感じざるを得ない出来事だった。

こうしたなかで、多くの若者がボランティア活動に突き動かされる光景があった。その動向に関心が集まったのは、閉塞する時代状況の突破口を求める気分もあったからだろう。

2 震災からわかった可能性と課題

ボランティアの三つの可能性

一九九五年にボランティアに注目が集まったのは、その数の多さだけではない。とりわけ災害時の初動対応の遅さが指摘された行政との対比から気づかされた点もある。当時の新聞は、手間取る行政の対応を批判するなかで、ボランティアの存在やその活動について多く報じている。

阪神大震災で、政治や行政の対応が混乱するなかで、そのすき間を埋めたのがボランティアの奮闘だった。大災害には公的機関が十分に機能せず、民間に頼らざるをえないことが、はっきりした。

〔中略〕避難所で、ボランティアの活動に触れた被災者が、こういった。「私たちが失ったものは大きかったが、得たものも大きかった」（『朝日新聞』一九九五年一月二八日）

崩壊した家の下敷きになった犠牲者が多く、当初の救出作業が手間取ったことから、政府や自衛隊などの対応への批判が目立った。村山〔富市〕首相が、地震から三日目に現地入りしたことや、救援体制づくりについて「対応が遅すぎる」と厳しい声が相次いだ。また、大阪府知事の「被災者自ら炊き出しを」という発言にも反発が多かった。〔中略〕惨状の中で、冷静さを失わず、互いに助け合う被災者の姿は感動を呼ぶ。現場を体験した被災者や、救援のボランティアから、秩序を守った被災者の行動や、多くの人たちから受けた親切について称賛の声が寄せられた。（同前一九九五年一月三一日）

ここで注目されたのは、災害直後のボランティアに見られた「まず動く」ことから生まれるダイナミズムだった。それは次の三点で発揮された。

第一に、活動の柔軟性である。

それはボランティアが自分自身の身分や所属から離れて活動することに由来する。さまざまな課題を前に、権威ある誰かの判断を待つのでも、依拠する指針があるわけでもなく、自ら判断し行動せざるを得ない。判断する枠組みも根拠もないなかで、現場のニーズに即応した活動が求められた結果でもある。

第二に、ニーズに立脚した新しい種類の活動が生まれたことである。

たとえば、医療、福祉、まちづくりなど、行政は各分野を区切ることで効率的な業務を行うが、実際の課題は多くの分野にまたがるものだ。災害はこうした事実を露《あら》わにする。制度や分野の枠組みから自由な発想は、新しい活動を創造することにつながる。

第三に、何より重要なこととして、現場に身を置くことにより初めてわかる問題の発見であり、それを社会に知らしめたことである。

それは災害時に限った話ではない。高齢者ケアから紛争地での救援活動まで、ボランティアは現場の課題や個々の困難の実際を知る。「活動すること」はそれを社会に知らせることであり、ボランティアの優れた問題発見能力の表れでもある。

こうした柔軟性、創造性、問題発見能力は、震災時の行政の初動対応の遅さ、官僚制的な縦割りや意思決定の硬直化、現場から遠い意思決定など、災害の現場で起こる不満のなかで際立ったことだ。

社会全体に閉塞感や将来への不安が蔓延し、自明視してきた既存の方法への懐疑が生まれ、新しい組織像を求める当時の社会にとって、そのことの意味は大きかった。

見出された二つの課題——継続性とミスマッチ

もちろん、こうした可能性だけではない。その後のNPOへの展開を考えた場合、むしろ多くのボランティアが直面した課題にこそ重要な意味がある。その一つは活動の継続性であり、もう一つは需給のミスマッチの問題だった。

まず活動の継続性である。年間では延べ一三七万人を超えたボランティアの規模だが、状況が復興過程に入るにつれて減少していく。体力や健康面で継続が困難となることに加え、春には新学期や新生活が始まるなど、ボランティアと自身の生活の両立の問題に直面する。実際、三月から四月にかけて、ボランティア数は一三万人（三月一七日〜四月三日）から四万人（四月四日〜一八日）に減少した（兵庫県県民生活部生活文化局生活創造課調べ）。

継続性は、単に体力や大学の単位の問題でなく、中長期的な活動資源をどうするかの問題である。どのような活動でも資源が必要であり、活動する人たちの持ち出しでは持続しない。また、活動のなかで、心ない言葉を浴びることや、自身の無力さを感じるなど、心理面・精神面での継続性も大きな課題として浮かび上がった。当時の新聞は次のように伝えている。

阪神大震災地元NGO救援連絡会議（兵庫）、1995年2月7日　阪神・淡路大震災直後、支援の調整やボランティア活動の横のつながりを強めようと結成された

ボランティアたちは、極めて厳しい条件の下で活動している。「交通費自弁、寝袋持参、三食とも原則自分で調達」。全国社会福祉協議会が志願者に示している条件だ。復旧事業が軌道に乗るまでは、一つの弁当を二人で食べ、睡眠時間も満足に取れない状態が続いていた。

行政当局は、ボランティアが災害の救援・復旧活動でこれほど大きな役割を果たすとは想定していなかった。このため行政の十分な支援のないまま、参加者と活動団体の献身と犠牲を頼みにして活動が展開されているのが、実情である。

（『日本経済新聞』一九九五年二月一四日）

もう一つの課題は、支援が孕むミスマッチの問題だった。インターネットがまだ一般的でない時代、ボランティアや物資などの支援の多くは、数多《あまた》ある避難所のなかでも、テレビや新聞などマスメディアが報じる避難所に殺到した。必然的に人や物が余る避難所と足りない避難所が生まれ、そのマッチングや調整が重要な課題となった。

　この問題の本質は、自発的に参加するボランティアに対し、誰が何の権限で指示を出し、どのように合意形成を図っていくかにある。

　子どものために何かしたいと突き動かされたボランティアが、実際に赴いた先ではトイレの設営が期待される。こうした状況では、想いと必要なこととをどのように調整すればよいかは案外難しい。皆同じように自発的に参加し、同時に多様な想いや背景や事情を持つなかで、誰が何の権限で指示や差配できるのかは必ずしも自明でないからだ。ボランティアの場合、企業や行政ではあたりまえの指示命令系統である「命じる・命ぜられる」関係でことが進められない。

　避難所に集まったボランティアをどのようにグループ形成すればよいか。理論も経験もまだ十分でないなかで、さまざまな苦労が考えられる。ボランティアセンターなどの中間支援を行う組織も、現地で膨大な量の調整を手探りで行ったが、こうしたミスマッチをどのようにマネジメントするかが重要な課題となった。

　継続性と意思決定の難しさは、ボランティアの最大の強みである自発性のみに任せていることから起こる。これらはガバナンスやマネジメントと呼ばれる問題で、対処には調整機関たる「組織」が必要となる。さらに、その組織をつくり維持する制度も求められる。

変わるボランティアの概念

のちに日本社会で広く認知される「NPO」は、こうして阪神・淡路大震災でのボランティアへの着目があり、組織や制度の必要性からNPO法の議論へとつながっていく。個人としてのボランティアから、組織としてのNPOへの視点の移動である。

実際に、震災一年後に出版された『NPOとは何か：社会サービスの新しいあり方』（電通総研編）の第一章第一節のタイトルは「ボランティアからNPOへ」であり、類似した論評も多かった。「あの震災のボランティア」を想起し、政府でも市場でもないという説明は、こうした話題から縁遠い層にもわかりやすいものだった。

ただし、受容が進んだのは、先述したように、それを準備する背景があったからだ。日本の社会、経済、政治の状況があり、すでにNPOをめぐる世界的関心の高まりがあった。それはさらにさかのぼれば、戦後からの社会運動の流れやコミュニティをめぐる動向などもある（第5章、第7章参照）。そして、NPOはボランティアの単純な進化形として、矛盾なく接合したわけでもない。

そもそも、ボランティアの概念自体も、さまざまな議論のなかで変わってきた。このことを精緻に読み解いた社会学者の仁平典宏《にへいのりひろ》によれば、明治期のように純粋な贈与を目指す慈善や、戦前の社会奉仕から奉公を経て、ボランティア概念が紹介される第二次世界大戦後には、政治や社会運動に内包される時代から、自己実現ややりがいといった自己効用的なものへと意味づけが変容していったと言う。

さらに一九九〇年代以降には、ボランティアを「する・される」の関係から、その相互にとって報酬のある互酬性を強調した捉え方へ変容する。ボランティア元年にいたっては、あらゆる行為に自発性、すなわちボランティア的な要素を見出すことでボランティア概念の適用範囲が拡大する可能性が高まった。しかし、そのことはボランティアが指し示す具体的な意味内容の消失を意味した。仁平はこれを指して「ボランティアの終焉」と言う。

ボランティアに向けられる批判として、それは相手のためにならない、かえって迷惑となる、政治や行政の責任の肩代わりだ、問題状況の根本的解決とならないといったものがある。他者のために贈与しているつもりが、結果的に逆効果になるとの批判だ。ボランティア概念の変容は、こうした「贈与のパラドックス」を回避しようと概念形成してきた側面がある（『「ボランティア」の誕生と終焉』）。

NPOにとっての「ボランティア元年」の意味

NPOは、こうしたボランティアの具体的な意味内容の消失と入れ替わるように主役の座に躍り出る。ボランティアもＮＰＯも、時代状況のなかでさまざまに意味づけられてきた。連続的なものに見えるこの二つの間にも、単純とは言えない問いがひしめき合っている。

自発性や柔軟性を利点とするボランティアを制度で規定するとすれば、それはどのような意味を持つのか。立場を超えた縦横のネットワークが新しい分野や活動を生み出す源泉であるとすれば、メンバーシップとルールに基づく組織とすることが、かえって足枷《あしかせ》とならないか。政府や行政の手が届かない活動を法制化することは何を意味するのだろうか。

こうした問いはいまだ消えていない。それにもかかわらず、ボランティア元年は、その後の日本のＮＰＯにとってエポックメイキングだったと言える。さまざまな社会状況やボランティアの動きが複雑に絡み合いながら、しかし、必ずしも十分な調整を経ないままに、阪神・淡路大震災時での数多くのボランティア参加のインパクトにより、人びとの関心を、いわばシンボリックな存在として「ＮＰＯ」に向かわせたからだろう。

「非・営利」の意味する「〜に非《あら》ず」を冠する消極的なアイデンティティは、さまざまな「そうでない何か」を呼び込むのに、図らずも絶好の名称だったとも言える。

こうして、阪神・淡路大震災とボランティア元年は、ＮＰＯという目新しく、しかし必ずしも明瞭でない組織観や理念のもとに、異なる経緯、多様な分野、理念や実利的な意味などの多くを呼び込む契機となった。

そこには、この時期に誕生した被災地で支援活動を行うボランティアの組織化はもちろん、長らく地域の福祉活動を担ってきたボランティア団体、人権や環境分野などで活動をする国際NGO、地域スポーツや文化芸術系の団体、地域のコミュニティ活動やまちづくりを行う団体、生活協同組合（生協）などの組合活動から派生する団体など、それまで活動を行ってきたさまざまな団体も多く含まれた。なぜなら、「NPO」という眼鏡をかけて民間の活動をあらためて見渡せば、こうしたそれらしい存在が数多くあったからである。

3　なぜNPOはわかりづらいのか

広義と狭義——その把握の難しさ

日本では、一九九〇年代半ばに至る社会経済状況、企業や政治への不信を背景に、直接的には阪神・淡路大震災によるボランティア元年を契機として、NPOの概念が広く紹介されることになった。

ほどなくして、地域社会で活動する団体をマスメディアが紹介する際に、特段の注釈なくそれらをNPOと称することも珍しくなくなる。事実、一九九五年から九九年の間に、「ボランティア」と「NPO」の記事数が入れ替わっていく（1－1）。

1-1　「ボランティア」「NPO」「NGO」の新聞記事数の推移，1980～2023年

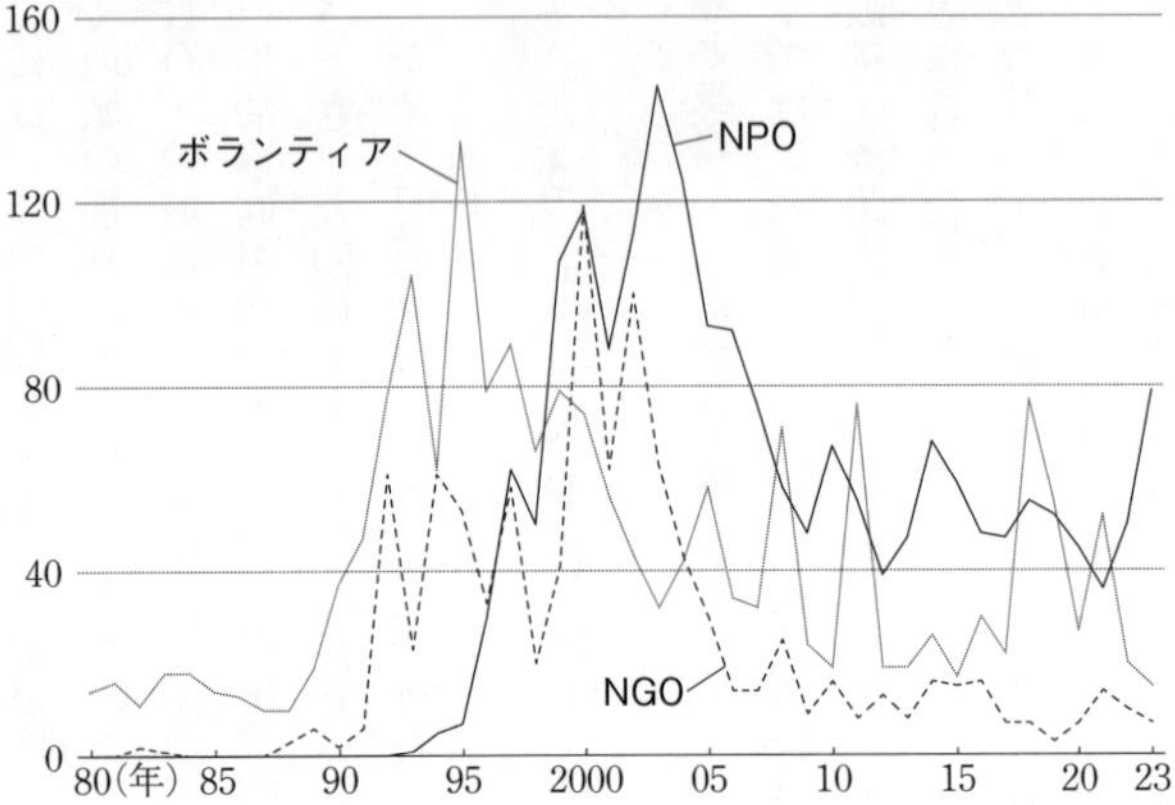

出典：『日本経済新聞』朝夕刊（1980～2023年）を基に筆者作成

個人レベルのボランティアから組織レベルのNPOへの視点や関心の移行があり、古くからある存在のようで新しい組織としての期待を背負い、単に非営利という言葉だけでは説明し得ない何かを含意しつつ、さらには、従来のボランティアや社会運動に含まれるイメージを薄め、これらをすべて丸抱えするように「NPO」概念に収斂《しゅうれん》していった。

NPOとは何かという問いが論争的であり続けるのには、こうした背景がある。当時の日本社会で想定されていたのは、非営利組織全般ではなく、むしろ人びとの期待が込められた概念としてのNPOだったと言える。そこには、もとより多様なものが含まれていた。

こうした曖昧さは研究上の混乱も生む。実は学術研究の世界でも、NPOの定義は確定

1－2　3つのNPO概念

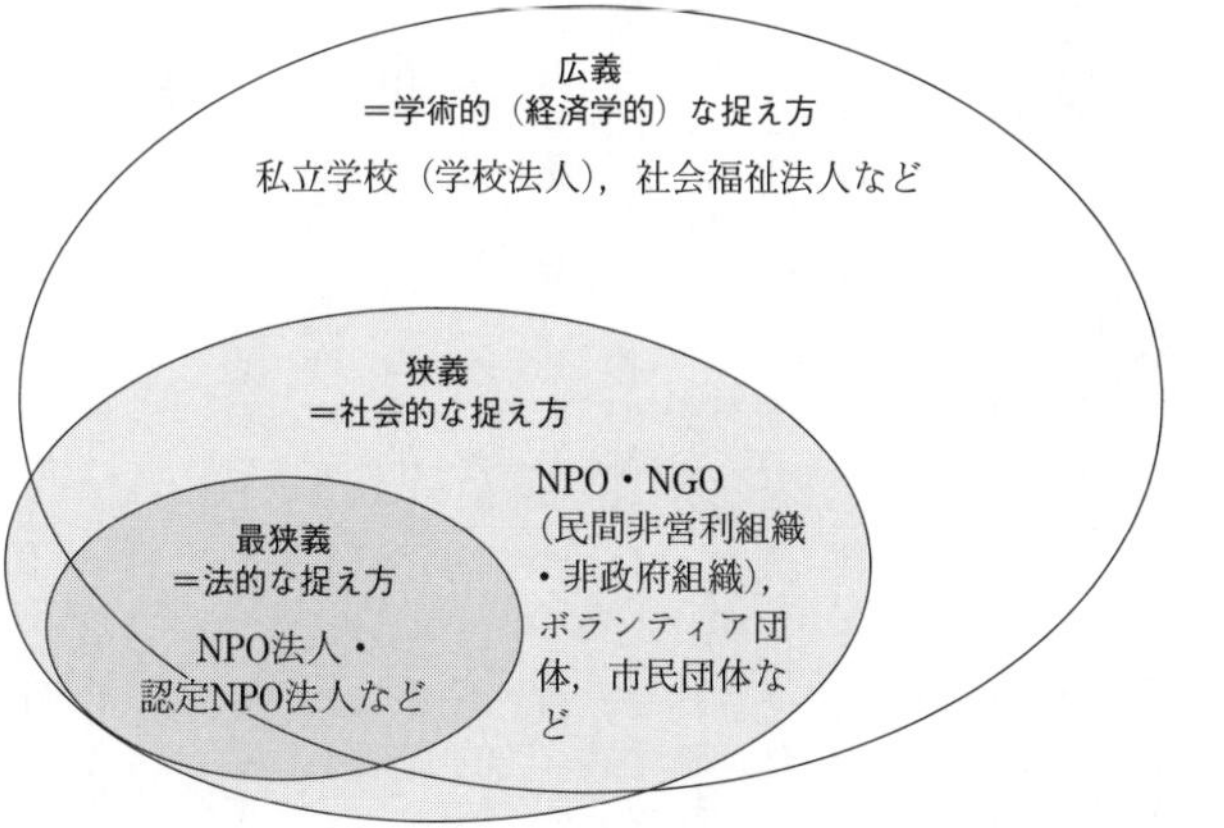

出典：筆者作成

的とは言いづらい。学者がＮＰＯと言った際、それが具体的に何を指すのかを明示しないと議論が噛《か》み合わないことすらある。

とはいえ、実際には、日本の経緯と状況のなかで、現実にＮＰＯの語は使い分けられてきた。このことを踏まえたうえで、三つに整理しておこうと思う（1－2）。

まず、広義にＮＰＯと言う際、それは非営利組織全般を指す。

ここで言う非営利とは、収入を得てはならないのでなく、後述する非分配という制約を持つことを主に意味する。具体的には、私立学校や社会福祉法人などの非営利法人もこれに含まれる。この定義は、特に経済学に基づく学術的な定義と言える。こうした理論については第6章で概観しよう。

次に、特に日本社会で狭義にNPOと言う場合、ボランティア団体や市民団体と呼ばれる任意団体（人格なき社団）と、後述するNPO法人などを含め、市民の自発的な参加のある組織を指す。

これは日常の会話やニュースに登場するNPOであり、日本の歴史的文脈で見出されてきた概念である。制度に先んじて存在し、非分配の制約を強く持つものもそうでないものもある。市井の市民が自発的に行っていることを社会状況のなかで意味づけた点で、社会的な定義とも言えるだろう。ただし、社会的に意味づけられているがゆえに複雑な存在だとも言える。なぜそう見えるのかについては、第2章でもう少し深めたいと思う。

第三は、この狭義のNPOのうち法人格を持つもので、最狭義のNPOである。端的には、狭義のNPOに対し法人格を付与する法制度が整備され生まれたNPO法人がその典型だ。

これは特定の制度下の組織を指すため、法律的な定義と言える。その範囲は明瞭のようだが、NPO法人以外の法人制度が整備されるにしたがって、実は複雑性を増している。それについては第3章で詳しく取り上げよう。

本書は、特に三つ目を含む二つ目のNPOを主な対象としている。先述したように、市民の活動が、社会的に意味づけられ、歴史的に変容し、制度的に位置づけられてきた存在だ。もちろん、これを包含《ほうがん》する一つ目の定義からは、その特質を理解するための視座が得られる。

以上の整理が意図するのは、精緻な分類学を展開することではなく、日本のＮＰＯが指し示すカテゴリを概略的に浮かび上がらせることにある。

たとえば、大きな私立大学の教員が「わたしはＮＰＯで働いています」とはあまり言わないだろう。また、地域の仲間とボランティア活動を行うグループで「非営利組織の経営」との堅苦しい表現はあまり登場しないかもしれない。日本社会では「ＮＰＯ」はＮＰＯ法人のみを指すわけではなく、また非営利の組織すべてを想起させるものでもない。

そもそも、ＮＰＯ法人は日本の法制度内の存在で、制度は国や歴史で異なるため、こうした使い分けは日本特有のものとも言える。ＮＰＯ概念のわかりにくさは、学術的な定義、社会的な定義、法制度的な定義が指し示すものがそれぞれ異なるからである。

国際的定義とは

では、日本以外ではどうか。国際的にはＮＰＯについて比較的認知された定義がある。それは先述したレスター・サラモンらによるものだ。

この定義では、①非営利性、②非政府性、③公式性、④自己統治、⑤自発性、の条件に加えて、非宗教団体、非政治団体をＮＰＯとする。これらについて簡単に説明しよう。

非営利性とは、先述したように、収入を得てはならないのではない。収入から必要経費を除いた剰余《じょうよ》金を利害関係者に分配できないことを意味する。これを「非分配の制約」と言う。活動のためには何らかの収入が必要である。しかし、仮に収入が上回った場合、それを活動の次の展開に用いることはできても、関係者で私的に分け合うことはできない。たとえば、企業が特別な賞与や株主配当などを行うのと、原理がここで大きく異なる。

非政府性とは、政府機関の一部やその統制下にない、政府とは独立した存在を意味する。「公益的な活動を行う＝政府が担うべきこと」と考えると理解しにくいが、実際にはそうではない組織が世界中に存在する。当然、反政府を意味するわけでもない。政府に意見することや、よりよい社会の実現を目指す。そのなかには時の政府に親和的な活動もあれば、批判的な活動もあり得る。

公式性とは、制度的に法人化されていることが一番わかりやすいが、必ずしもそれだけではない。ルールや名簿などを持つ恒常的な組織であることを指す。ここで言う公式性とは、インフォーマルな組織内の集団やつながりといった非公式性に対するもので、政府が統制する意味での「公的」ではない。

自己統治とは、他の組織に支配されず、独立的な運営が行われていることである。今日では企業がNPOを作るケースや、地縁団体がNPOとなるケースもあるが、あくまでもその組織の運営は独立的であることが強調されている。

自発性はNPOにとって「肝」となる要件だが、何をもって自発的かの判断は難しい。ここでは、組織が強制的でなくメンバーの意志によって自発的に設立されており、その活動も自発的な力、すなわちボランティアや寄付により支えられていることを指す。

非宗教団体と非政治団体についても補足が必要だろう。これは、特定の教義の布教といった宗教活動や、特定の政治信条を広めること、特定の候補者支援そのものを主たる目的とする団体を除くことを意味する。

ただし、必ずしも信仰や政治信条と無関係であることを言っているのではない。どのような活動も何らかの価値に根ざしており、仏教やキリスト教の精神に基づいて救貧的な活動を行う例のように、古来宗教と公益活動は分かちがたく結びついてきた歴史がある。しかし、布教そのものや候補者の支援自体を目的とする組織は、宗教団体や政治団体として行われるべきものであり、別のカテゴリとの考え方である。

サラモンの定義は、輪郭《りんかく》の曖昧なNPOを、恣意《しい》性を排し合理的に捉えようとするものだ。実際もっともよく知られたNPOの国際的な定義の一つである。ただし、日本をはじめ、各国で異なる歴史や制度のもと生まれた団体や活動を念頭に置くと、難しい面もある。

たとえば、非営利性を非分配から定義すると、NPOと似た活動をする協同組合は含まれない。公式性も、イベントを行うグループや社会運動を行う集団などのように、必ずしも恒常的でない組織も存在する。非営利法人に関する制度は国や歴史により異なり普遍的なものではない。このように、現実の存在に適用しようとすると、しっくりいかない問題が起こる。

社会課題の解決を目指す「ソーシャルセクター」として

この「しっくりいかなさ」を象徴するように、実は、世界各国では非営利で公益的な活動を行う民間組織を指す用語は多様に存在する。

たとえば、イギリスでは「ボランタリーセクター」と言い、法人制度としてチャリティ制度がある。フランスでは「アソシアシオン」の語が知られる。国によってはNPOの語よりも親しまれている。

NPOも各国で使われるが、もっぱらアメリカに由来する概念だ。税制上も含め非営利性(非分配の制約)を強調するが、欧州などでは、組合員への剰余金の分配がある協同組合を含める方に馴染みがあり、これらを総称して「社会的経済」の語を用いたりする。

このように、NPOやそれに類する概念は実に多様だ。学術的か制度的か、あるいは社会的な用語かにかかわらず、関連する語をざっとあげてみると1－3のようになる。

これらの語の存在は、先ほど整理したNPO概念のまわりに、多くの類似概念があることを意味する。あるいは、そもそも輪郭の曖昧な「狭義のNPO」が、言葉を変えて広がって

1-3　市民が参加する公益的活動の概念例

マクロ的概念 ↑	
部門・範疇・組織集合	非営利セクター，非営利・協同セクター，ボランタリーセクター，サードセクター，シビルソサイエティ（市民社会），社会的経済，連帯経済，社会的連帯経済など
組織	NPO（民間非営利組織），NGO（民間非政府組織），認定NPO法人，社会的企業，市民団体，市民活動団体，ボランティア団体，CSO（市民社会組織），ソーシャルビジネス，コミュニティビジネス，チャリティ（イギリス），アソシアシオン（フランス），労働者協同組合（ワーカーズ・コレクティブ，ワーカーズ・コープ）など
個人	ボランティア，社会起業家，プロボノ（Pro bono）など
↓ ミクロ的概念	

出典：筆者作成

きているとも言え、その存在感と重要性の高まりがこの多様性を生んでいる。

最後に、こうしたＮＰＯに類する諸概念について見ておこう。

まず、あらためて確認すべきことは、ＮＰＯと呼ばれる存在すべてが法人組織とは限らないことだ。地域社会には、ボランティア団体や市民団体と呼ばれる任意団体が数多く活動している。法人格を持たずとも、民間非営利の組織活動の担い手だ。法人化の必要性は個々に異なるため、法人格を取得しない団体も少なくない。

また、協同組合のカテゴリでは、ワーカーズ・コープやワーカーズ・コレクティブと呼ばれる労働者協同組合も、ＮＰＯと似た活動を行う。協同組合の歴史は一九世紀のイギリスにまでさかのぼり、その後世界的に拡がった。日本

賀川豊彦（1888〜1960）
キリスト教社会運動家。戦前日本の労働・農民・無産政党など社会運動にかかわったことで知られるが、生協運動の父でもあった。自伝的小説『死線を越えて』は当時ベストセラーに。ノーベル平和賞候補に戦後何度か推薦された

でも、消費者を組合員とした生活協同組合が各地にある。なかでも、一九二一年の神戸購買組合・灘《なだ》購買組合に由来するコープこうべは、その設立に尽力した賀川豊彦《かがわとよひこ》とともに世界的にもよく知られる存在だ。

　協同組合は、人びとが資源を出し合うことで、誰かの所有でなく、自分たちの組織を自ら意思決定しながら運営する。さまざまな人を社会や経済から排除せず「包摂する」点を重視する。先述のとおり、非分配の制約はないが、営利が主目的でない点で企業よりもＮＰＯに近く、ＮＰＯと同じ枠組みで捉えられることも多い。

　ソーシャルビジネスやコミュニティビジネス、社会的企業（ソーシャルエンタープライズ）という言葉もある。これらは特定の法人格を指すものではなく、日本ではＮＰＯ法人や株式会社、協同組合など、複数の法人形態にまたがる概念だ。法人形態が違えば運営形態も異なるが、総じて、事業を通じて社会課題の解決を目指す点で共通している。

　ソーシャルビジネスの語は、それを提唱したグラミン銀行とその創設者のムハマド・ユヌ

スが二〇〇六年にノーベル平和賞を受賞したことでも知られる。ここで言うビジネスとは、営利追求ではなく、社会課題解決のための事業を行い、それを持続可能にするために収益を得る一連の活動を指す。この語も、営利法人と非営利法人にまたがる概念で、ソーシャルビジネスと紹介されるなかには、双方の法人格が含まれている。実際、今日の営利法人もさまざまで、サステナビリティ（持続可能性）を重視し公益性の高い企業を認証するＢ Ｃｏｒｐ（アメリカのＮＰＯ「Ｂ Ｌａｂ」の認証制度）のような制度もある。

社会起業家（ソーシャル・アントレプレナー）は、組織や活動などを起こし、社会変革を先導する個人を指す。「人」に注目が集まるのは、「誰かが率先して動く」こと、チェンジメーカーとなることがいかに重要かとの認識があるからだろう。プロボノは、職業上の専門知識やスキルを提供するボランティアのことだ。

このように、一口に「ＮＰＯ」と言っても、狭義のＮＰＯには、個々の活動や組織の多様性のみならず、法人格の有無、複数の法人格などの形態がある。理念的な視点からも複数の捉え方がある。これらのさまざまな概念は、同じような活動を行う主体を取り上げながらもそれぞれ異なり、その差異は無視できるものではない。多様な歴史文化的背景があることも重要だ。また、概念と制度が矛盾なく対応しているわけでもなく、それも制度や時代により変容する。これは企業のわかりやすさとは対照的である。

一方で、こうした複雑さは、学者や熱心な担い手以外の「外から見ている人」を遠ざけてしまっている面もあるのかもしれない。また、実際の活動レベルでは、政府や企業と協働しているため、一層輪郭がつかみづらくなっている面もある。

ここで確認したいことは、世界的にＮＰＯやそれに類する活動や組織が数多く存在することと、そうした多様性のなかにあっても、市民の参画を得ていることと、政府や企業などとも協働し社会課題の解決を目指すという共通項があることだ。名称や形態をさまざまに変容させながらも、その多様な世界自体を拡大させながら、全体として一つの領域、セクターを形成してきている。こうした組織的な活動全体を総称して「ソーシャルセクター」と言う。

ソーシャルセクターとは、市民が主体的に社会課題に向き合い、その解決に方向づけられた集合的な組織行動プロセスの総体のことだ。ＮＰＯは、このソーシャルセクターのもっとも代表的な組織の一つである。

第2章

複雑な顔を持つ組織

1　事業者と社会運動の二つの顔

事業者としての顔

「NPOはよくわからない組織だ」と思われるのは、「NPOとは多様な組織の集合体」であることを裏側から示しているようだ。前章では、この概念の複雑性の由来を述べたが、本章では、実際のNPOの複雑性がなぜ、どのように生じているのかを考えてみよう。

NPOも組織の一つだが、「組織」と聞いて一般に思い浮かべるイメージとは異なることが多い。その違いの一つは、NPOは活動面で二つの顔を持つことだ。そのことが、見る人によって価値のある存在に思われ、どこか近寄りがたい存在に映る。

一つの顔は、何らかの財・サービスを直接的に行う供給主体の側面である。

認定NPO法人カタリバ（東京）　どのような環境に育っても意欲と創造性を高められるよう、多様な出会いと学びを提供。“ナナメの関係”はかかわる大人の成長にも

たとえば、NPOの活動には、高齢者への配食サービスや子どもたちへの学習支援、地域の居場所開設などのヒューマンサービスがあげられる。他にも、不特定多数を対象とするまちづくりイベントの開催、環境問題に関するレポートの提供もある。

これらは、受益者に直接サービスを提供している。それに必要なコストは、対価を得て賄《まかな》うものもあるが、支払能力などの面から、対価だけでなく、助成金や補助金、寄付などを組み合わせて全体を賄う。

サービスの提供だけであれば、介護サービスやまちづくりのイベント企画を行う企業があるように、NPOに限らず民間企業も行っている。しかし、民間企業は、十分に収益が上がる、いわば「おいしい部分」だけを行うか、その事業自体にメリットがなければ行わないだろう。NPOは、ニーズがありながらも民間企業が行わないサービスの提供に特化する傾向があり、ここにサービス供給主体としての重要な価値がある。

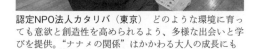

ただ、経済的メリットがないため企業は行わなくとも、それが社会的に必要とされるならば、本来、政府が行うべきことかもしれない。国民が税金を支払うのはそのためだ。

しかし、実際には、限られた税収入のなかであらゆるニーズを満たすことはできない。対応すべき課題も多様化している。多くの場合、どのように優先順位をつけるかは政治的な意思決定である。それは、多数を占める有権者のニーズに合わせることになりがちだ。そのため、当事者にとっては切実であるにもかかわらず、特別なニーズには十分に応えることができない。規模の小さいNPOがあらゆるニーズに大規模に対応することは難しいかもしれないが、こうした個々のニーズに特化してサービスを行うことは得意とする。

NPOには、慈善や奉仕といったイメージがつきまとうが、企業や政府と同様に「サービスを供給する組織」との理解が重要だろう。こうした側面は、企業や政府と競合関係にも補完関係にもなり得る。とりわけヒューマンサービスは、企業も行政もNPOもサービス主体として存在する領域であり、時に協働が重要となる。

社会運動の組織

もう一つの顔は、「運動を行う組織」の側面だ。運動とは社会運動のことである。その内容によっては企業や政府と対抗関係となることもある。

社会運動とは、「複数の人びとが、社会を変革するために、非制度的な手段をも用い、組織的に取り組むことによって、敵手や競合者との間の相互作用を展開すること」（『社会運動の社会学』）である。歴史を振り返るまでもなく、実際には広範な社会現象を指し、SNSの時代ではその要素をさまざまな場面で見出すことができる。

ただ、日本では政治への忌避《きひ》感や、かつての過激な学生運動のイメージから、今日では距離を置こうとする傾向も強くなっている。

実際、日米中韓の若者の社会参加に関する国立青少年教育振興機構による意識調査（二〇二一）によれば、「私の参加により、変えてほしい社会現象が少し変えられるかもしれない」と考える高校生は、他の国々が七割から八割が「そう思う」のに対し、日本は三五・四％と著しく低い。逆に、「私個人の力では政府の決定に影響を与えられない」（八三・〇％）、「現状を変えようとするよりも、そのまま受け入れるほうがよい」（四五・六％）とする割合はもっとも高い。日本の若者にとっては、社会の現状を変えることとは現実味がないと捉えられているように見える。同時に、そうした運動との距離感は国や時代によって異なるのだとも言える。

しかし、社会運動の実際の範囲は、そのイメージとは異なり、広範かつ多岐にわたる。かつては、特定の党派や思想性が色濃く投影されたものが多くあった。だが、そうしたものによらず、既存の社会制度や価値に異議を申し立て、その変更を迫る集合行動は、常に見られる普遍的なもので、誰もが身近なところでかかわっているものだ。

環境問題への政府や企業の取り組み、LGBTQ（性的マイノリティ）の権利擁護への関心も、「自然に」発生したことではない。個々には小さくとも、数多くの声と行動の蓄積によって生まれたものだった。それは、たとえば一九六〇～七〇年代のベトナム反戦運動や、近年でも、世界中に拡がったBlack Lives Matter運動（人種差別の撤廃を求める運動）などがそうであるように、こうした声が高まり、やがて大きなうねりになることは珍しくはない。

日本では、歴史的な経緯から左翼的だと思われがちな社会運動だが、実際には右翼的な社会運動もあり得る。右派左派に単純化する見立ても過去のものだろう。そして今日では、セクシャルハラスメントや性的暴行を告発し大きな運動となった#MeTooのように、運動

若者たちによるデモ（東京）、2022年9月23日
気候変動対策の強化を求めたもの

の舞台はSNS上にある。ハッシュタグで態度表明をし、その運動に参加することが簡単にできるからだ。日常的に話題となる社会課題に対し、何らかの反応や主張を示すことはあるだろう。ともすれば、運動に参加している自覚がなくとも、その一翼に含まれていることは少なくない。

社会運動の方法は多様である。直接的な異議申し立てであるデモやキャンペーンへの参加のみならず、権利擁護や代弁、政策提言や働きかけを意味するアドボカシーやロビイングなどの方法もある。社会運動とはこうした集合行動全体を指し、組織そのものではない。

しかし、これらを推進するうえでNPOのような組織の役割は決して小さくはない。筆者らが行った調査でも、全体の四割から半数程度のNPO法人が、政策提言や意見書の提出、行政への要望、社会的な問題に対する意見表明などの活動を行っている（社会ネットワークと非営利組織研究プロジェクト、二〇二四）。

実際、第5章でも見るように、日本のNPOの形成は、消費者運動、環境運動、障害者運動をはじめ、社会運動をルーツとするものが少なくなかった。

こうした歴史と無縁に見える組織でも、実際の活動に運動的な側面が含まれることは珍しくない。障害者支援を行うNPOが、日々接するなかで生まれる問題意識から、制度や政策に対する意見表明や具体的な要望を出すことや、貧困者支援のNPOが、権利擁護のために広くアピールすることがそうだろう。いずれも、日頃接する状況が制度や社会構造そのもののあり方に起因するとの気づきがあり、その現状を肯定せずに行う異議申し立てである。

今日では、NPOが政府や自治体の会議に加わることも珍しくなく、そこで意見を表明する機会も増えた。特定の社会課題について取り組む団体が一国の利害によらずにレポートや政策提言をまとめることは、世界的に見ればあたりまえである。国際的な会議の場では数多くのNGOが参加しロビイングを行う光景がある。NPOがSNSを通じて意見表明を行うことも、それに呼応することもあるだろう。

二つの顔を持つジレンマ

NPOの二つの顔、事業体としてサービスを供給する顔と、運動体として社会全体に働きかける顔は、程度の差こそあれ、実際の活動では互いにつながっていることが多い。たとえば、子どもの居場所を運営するNPOの場合、日常的に利用者のための居場所の運営事業を行いながら、子どもたちのための施策を進めるべく行政へ働きかけることはあるだろう。自然環境保護のためのアピールやデモを行う環境分野のNPOが環境教育の収益事業を行うこともある。一つの組織内に事業性と運動性の要素が境目なく含まれている。

しかし、この二つの側面は時として矛盾を生むかもしれない。居場所の運営も環境教育の実施も、組織活動としては相応の人的・物理的コストが発生する。これらは利用者からの対価だけでなく、寄付や行政の委託事業で賄われることが多い。このことは、彼らの意向も尊重する必要があることを意味する。また、事業年度単位の短期的な成果の追求に迫られ、委託事業を行うために組織の理念や目的を変質させる可能性も排除できない。こうした、組織本来の目的とかけ離れていくことをミッション・ドリフトと言う。

他方で、事業収入を伴わない社会運動の側面だけに力を入れても、運営資金が枯渇《こかつ》し、活動自体の継続が困難となる。時に、NPOはこうしたジレンマに直面する。よりその本質を考えていくと、既存のシステムを前提として、ある程度それに依拠しながら事業を行う面と、その政策や理念そのものの不備を指摘し、その転換を求める面との間に矛盾が生じかねない。

さらに、NPOの事業性と運動性という二つの側面については、別の角度からのジレンマもある。NPOの活動を行うには参加者や支援者の獲得が不可欠だが、政治学者の坂本治也らが二〇一八年に行ったサーベイ実験によれば、その参加にあたり、政治性を忌避する姿勢やビジネス志向を避ける傾向があるという。事業と運動のそのいずれかが強すぎても、参加者の獲得が困難になる可能性がある。このように、日本のNPOは、事業と運動の間でどうバランスを取るかが求められているとも言える。

実際、NPOには、事業性が強いものもあれば、運動性が強いものも存在する。NPOは、一方でサービス提供を行う民間企業と同じように見られ、他方で社会運動に特化した組織だと思われる。NPOの特徴は、こうした異なる要素が同居しているところにある。

2 利害関係者の混在――多様な参加、統治の困難

単純ではない関係性

NPOは人びとのかかわり方も多様だ。

たとえば、ヒューマンサービスのように、支援する側とされる側が具体的に存在する場合を考えよう。誰かを教えるでも、誰かをケアするでも、そこには行う側と受ける側が存在する。NPOでは、ここにさまざまなボランティアの参加があり得る。参加と一口に言っても、日常の組織運営にかかわる人もいれば、年一回の参加を継続的に行う人もいる。対価のない人だけでなく、交通費程度の経費を受け取る場合や有償ボランティアもあり得る。そのかかわり方は組織により多様だ。

ボランティアは、サービスの受け手から見れば担い手であっても、組織運営の側から見れば、活動自体の重要な支援者でもある。ピーター・ドラッカーは、こうしたNPOの独特の構造について、サービスの受け手である第一の顧客に加え、ボランティアをはじめとする活

動を支える第二の顧客がいるとした。

ボランティアはまた、活動を支える側であるとともに、そこからさまざまなものを得る立場でもある。災害支援に赴いたボランティアが、逆に現場で支えを得たとの報告は少なくない。学校教育のなかでボランティアを推奨《すいしょう》し、教育プログラムに位置づけるのも、社会や地域への助力のみならず、参加者にとって得られる価値の大きさがあるからだろう。実際に、日本のボランティアの歴史を振り返ると、こうした教育的な側面も常に強調されてきた。

さらに、サービスの受け手と見られがちな支援される側も、一方的に支援されるだけの存在とは限らない。当事者やその家族がボランティアとして参加することもあり得る。被災地でボランティアの支援を受けた人が、別の被災地にボランティアに赴くこともあるだろう。当事者が中心になって立ち上げたNPOは、そもそもサービスの担い手に当事者や家族を含んでいる。このように、ボランティアの存在は、支える側と支えられる側という二項的な図式に収まらない構造を生む。

ヒューマンサービスを例に、典型的なサービス提供のモデルをフォーマル、家庭内で行われるケアをインフォーマルとすれば、NPOはその両者の要素を含むセミフォーマルな構造があると理解することができる（2-1）。

このように、NPOへの参加の構造は複雑だ。NPOにその活動メンバーの数や範囲を尋

2-1　サービス提供の3つの関係性

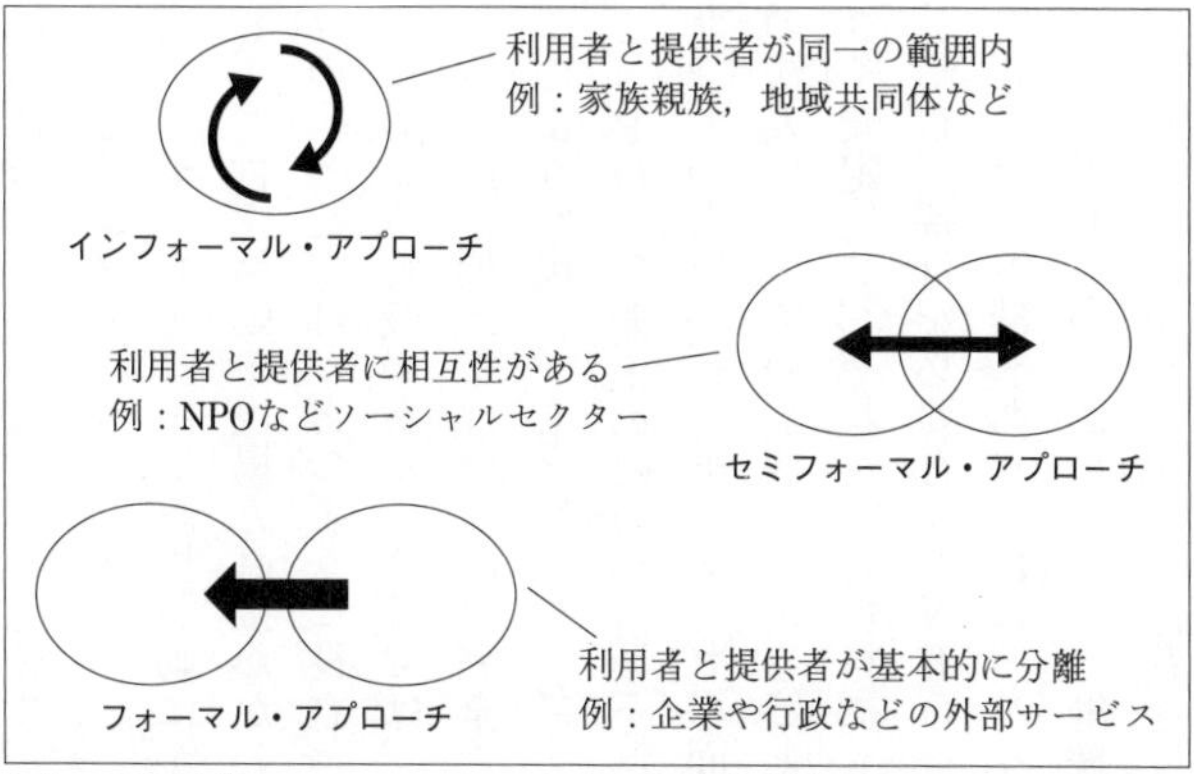

出典：宮垣元『ヒューマンサービスと信頼』（慶應義塾大学出版会，2003年）より筆者作成

ねると、一様に答えに窮するのは、形式的な会員名簿とは別に、実質的に多くの人が関係しているからだろう。

ＮＰＯ法人の運営でも、その正会員（社員）と役員と実際に活動を行う人は必ずしも同一ではない。さらに、組織運営スタッフも、専従、非専従、あるいは有給、無給と異なる参加の方法があり、それぞれにその意味や価値は異なる。

寄付という参加

ＮＰＯへのかかわり方は、スタッフやボランティアだけではない。寄付に代表されるように、物的・財政的な支援もある。

ボランティアも寄付も、ある活動に共感し、時間やお金・モノといった自分の資源を自発的に供出し活動に役立てる点で共通する。何らかの価値に根ざしているという意味で、その取り組みへのコミットメントの表明、想いや考えの表出と捉えることができる。

だが、ボランティアが直接活動にかかわることで自分の行ったこととの実感を得やすいのに対し、寄付は活動や現場と直接かかわらない点が大きく異なる。寄付をする側からすると、自分の行った寄付がどのように役立ったのかを知りたいのは当然のことで、ここにモニタリングに対する動機がある。今日では、クラウドファンディングのように、支援の過程を適宜伝える方法も増えてはいるが、完全なモニタリングは不可能だろう。

このような場合、「どこに寄付をすればよいか」が問題となる。これについては、寄付をするNPOが税制上の優遇措置を受けられる法人（認定NPO法人）の場合など、税制上のメリットの有無がインセンティブの面で選択理由になるだろう。次章で述べるように、これらの法人は、多くの支援を集めることで公益性の高さが認められている。概して組織規模も大きく安定的で、それが安心材料にもなり得る。

しかし、寄付を必要とするNPOは、こうした大きなNPOだけでない。小規模なものや設立間もない組織もあり、むしろこうした組織こそ支援を必要としている場合もある。

また、NPOの側からすると、継続的に運営を行うための間接的な経費に多くの資金が必要であるにもかかわらず、人件費をはじめ、そのことをアピールしづらい面もある。寄付は、具体的な受益者に対するものを想起させるために、その一部が人件費などの間接経費に用いられることへの理解を得にくいからだ。難民支援のための直接的な資金の理解は得られても、それを継続的に実施するための人件費や運営費となると反応が変わってしまう現実がある。本来、活動全体を実施するためにはいずれも必要なものだ。にもかかわらず、寄付する側の想いと、実際の必要性との間にギャップが生じ得る。

こうしたことを考えると、寄付をする側とされる側のマッチングは思いのほか難しい。NPO側にも考えや事情が、寄付する側にも想いがあり、それぞれの価値に根ざしている。単なる金銭上のやり取りや分配とは異なる難しさと言える。

マルチステークホルダーの組織

このように、NPOには、サービスの担い手と受け手からなる単純な図式に収まりきらない構造があり、ボランティアや寄付などに代表される多くの資源に依存する実態がある。その資源にも、さまざまな価値や想いを背景とする参加や支援の多様性があり、単に量的な面で過不足が調節されるのではなく、それぞれの想いも満たされる必要がある。

こうしたことに加えて、財政的に支援を受ける行政や企業、ともに協力して活動を行う他のNPOや地縁組織など、組織の運営に決定的に影響を及ぼす存在も無視できない。組織内外に広がるさまざまな関係のなかで活動を行う点で、社会学者の藤井敦史などの言うマルチステークホルダー、つまり複数の異なる利害関係者による組織だと言える。

組織によっては、活動そのものだけでなく、誰が組織を所有するのか、誰がどのように意思決定に参加できるのか自体にも固有の考えがある。言い換えれば、どのような組織構造とするのか自体に、組織の理念が反映されている場合が多い。

一般的に、ミッションを志向する多くのNPOにとって、組織規模や事業規模の拡大それ自体は目的ではない。財政上の制約もあり、組織は比較的小さく、それゆえに分業化や官僚組織化は行政や企業に比べて相対的に低いものとなりがちだ。そのなかで、多様な参加形態や、異なる利害やインセンティブを持つ利害関係者の存在は、組織構造を小さくとも複雑なものにする。

どのような組織も利害調整の場だが、NPOでは調整が難しいケースが多い。それは、利害調整を行う際の基準が多様であり、参加のベースに自発性があるからだ。単一の基準がないなかでの合意形成がその都度求められるが、それぞれが持つ参加する価値や意義を尊重しなくては、活動継続のための担い手も資源も失ってしまう。

また、自発性については、組織活動の遂行にあたり垂直方向のコミュニケーション、つまり上意下達の命令を難しくさせる。組織スタッフや支援者、ボランティアなどの参加者は、ミッションへの共感に基づくものであり、多くの場合、労働や経済的対価とは異なる価値で結びついている。この場合、権威と経済的インセンティブのみの指揮命令による組織マネジメントは通用しない。組織運営にかかわるスタッフには、こうした多様な参加者の自発性が引き出され継続するよう励まし続けることが求められる。

このように、NPOに見られる、事業者と顧客の関係には収まらない多元的な参加は、一方でNPOを存立させる重要な基盤でありながら、他方でガバナンスを困難にもさせてしまう。このバランスがNPOの運営で要ともなる。

3　組織であり、コミュニティである

コミュニティとしての機能

NPOは、組織の一種だ。しかし、そもそも企業と同じような「組織」なのだろうか。

一般に、組織とは目的達成のために協働するシステムを指す。参加者は、目的達成のために、組織運営や事業や活動に資する役割を果たすことが求められ、それに応えようとする。分業や官僚制は、それを合理的に行うために生まれる。

一方、NPOにかかわる側からすると、そうした役割に応えるだけがすべてではない。参

加者の自発性の源泉は、何らかの社会課題の解決へと動機づけられたものもあれば、参加そのものに価値を見出す場合もある。実際、NPOに参加する人の意識には、目的達成そのものの価値以外、つまり仲間と出会うことや社会へのお返しなどが動機として含まれることも少なくない。

このように、NPOという組織は、活動や事業を遂行する協働システムであるとともに、そこにかかわること自体が参加者にとっての態度表明や、安寧《あんねい》を得られる居場所としての意味を持つ。協働システムが目的達成の手段や道具のようなものだとすれば、態度表明や安寧は自己充足的な価値を多分に含んでいる。いわば、活動を「する」ことの意味だけでなく、組織に「いる」ことの意味が大きい。

NPOは時に仲のよいサークルのように映ることがあるが、それは、こうしたことと無関係ではない。利害関係とは別に、同じ価値や問題意識を持つ人がいて、それが小規模な組織であれば、その傾向は一層強くなるだろう。

以上のことは、NPOが、活動のために合理的に統合された「組織」であると同時に、人との関係そのものを重視する「コミュニティ」としての側面が大きいことを意味する。

もちろんどのような組織にもこうした価値は少なからずあるが、とりわけNPOには居場所としての価値を見出されることが少なくない。NPOは、組織よりもむしろコミュニティ

（テーマ型コミュニティ）として言及されることがあるが、それはこのような特性による。

目的が明確で、そのための個々人の役割があり、その達成を測る基準があるとする機械論的な組織観からすると、NPOという存在は、どこか「未熟な組織」に見えるかもしれない。

しかし、NPOは、これらが必ずしも自明でないにもかかわらず、組織を名乗り、事実として社会で活動を展開している。むしろ既存の組織観そのものの方を揺さぶる存在なのだ。

NPO法人COCO湘南（神奈川）　高齢者のグループリビングは施設ではなく、仲間と暮らす「住まい」。自分たちが求める住み方を実現しようとする

社会的包摂という役割

NPOがコミュニティとしての側面が強いのは、参加者自身がそれを志向しているだけでなく、その構造を生み出し、維持する条件が存在することも大きい。

NPOの活動への参加は、ロコミ、つまり個々人の社会ネットワークを介するものがもっとも多い（第4章参照）。このことは、参加者の既存の関係性がある程度組織内に持ち込まれることを意味する。まちづくりや防犯、ヒューマンサービスなどのように、地域の人びとが活動に参加するようなケースでは、地域社会の関係性の一部が含まれる可能性もあるだろう。つまり、NPOは組織と地域コミュニティが相互浸透するような構造となりやすい。少なくとも今日の日本のNPOは、多くの場合、労働市場を介した雇用プロセスではなく、この点もまた企業との大きな違いと言える。

よく見知った間柄を介した参加は、人物のスクリーニングの機能を果たす。企業では、縁故採用は批判の対象ともなるが、特にヒューマンサービスのように、「どのような人がサービスを提供するのか」といった情報が重要となる活動では、その信頼を担保する点で一定の意味がある。また、同質的な理念や価値が基盤となることで参加者が安心し、居場所としての価値を高めることにもつながる。

NPOが、社会参加の場や居場所であることは、その組織自体が社会的包摂の役割を担っているということだ。当事者が担い手として参加するヒューマンサービスや、労働市場で社会的に不利な状況にある人にとってこの意味は大きい。「社会的企業」と呼ばれる組織のように、この価値を特に重視するものもある。

また先述したように、担い手と受け手が組織の内外に分離せず、むしろ組織内に両者を含み、時にその立場が入れ替わるような「相互性」も大きな意味を持つ。顧客が組織の一員という点で一般のサービス組織とは大きく異なるが、社会的包摂の観点からは重要な役割と言える。協同組合の活動から生まれた組織などにも、こうした構造を持つものがある。

相互性の構造は、NPOが活動する多くの分野に見出すことができる。ヒューマンサービスはもとより、人権擁護の活動は支援者のみならず当事者も参加する。災害地で被災者支援を行うNPOのなかには、被災地の人びとが立ち上げた組織も少なくない。まちづくり活動を行うNPOの多くは、その地域に住む人たちやかかわりのある人たちが担っている。

閉鎖的になる可能性

このようにNPOは、特に、他に代替《だいたい》できる居場所や就労の場、参加の機会のない人にとって、かけがえのない中間集団である。中間集団とは、個人と国家、あるいは私と公の間にあってそれを媒介する集団、人の集まりを指す。社会にこうした存在がなければ、人びとは帰属する場を失い、孤立化した個人として生きざるを得ない。

NPOの社会包摂的な特性は、組織内の人にとって安心感を生む心地よい空間となるかもしれない。他所で排除される経験を持つ人にとっては特にそうだろう。このことは、社会的にきわめて重要なことだ。しかし同時に、それによって同質性が過度に高まると、閉鎖的な組織になりかねない。このことは、組織の内部の人には気づきにくいが、外部から見ると時に排他的に映る。NPOは組織外に対し支援を求めていく存在であるため、時にマイナスに働きかねない要素である。

社会ネットワークを介した参加についても、一面ではミスマッチを低減するが、そのネットワークにつながらないと参加の契機を得られず、組織や活動の担い手の確保を難しくさせてしまう。理念としては誰もが参加できる組織のはずが、その実態は限られた人の参加になりかねない。包摂的な場であることがかえって参加障壁を高めてしまうのだ。

さらに、目的達成を後回しにして自己充足的な関係のみが重視されると、活動の自己目的化や非効率化が生じ、やがて停滞してしまう。組織的活動の追求とコミュニティ的側面の重視は、時に相矛盾し、継続性の困難を生み出すジレンマとなり得るのである。

自発性のパラドックス——ダイナミズムの源泉

NPOを複雑にさせている要素はまだある。それは、「自発性のパラドックス」と言われる、NPOが基盤とする自発性が抱える本質的な難しさと可能性である。一九九〇年代初頭にこのことをボランティアの「弱さの強さ」として指摘したのは情報論の金子郁容《いくよう》だった(『ボランティア』)。

ボランティアとは、何らかの課題状況を前に、それを「他人の問題」として自身から切り離さず、働きかけようとする人である。金子は、このことを「自分も困難を抱えるひとりとしてその人に結びついているという「かかわり方」をし、その状況を改善すべく、働きかけ、「つながり」をつけようと行動する人」と表現した。社会課題を他人事とせず、「自分とかかわるもの」として引き受けようとするのは、ボランティアにもNPOにも共通する態度だろう。

だが、問題への取り組みを始めると、さまざまな要素が複雑に絡み合う社会課題を前に、「いったい自分たちに何ができるのだろう」と自問自答のループにはまることがある。あるいは、周囲から「いったい何の役に立つのか」との批判にもさらされかねない。自己満足や偽善だと揶揄《やゆ》されるリスクも排除できない。さらには、際限なく行うべきことが増えていく可能性もある。いわば「言い出しっぺの損」のように、自発的に行動することで、逆にその課題の責任や批判をすべて背負うかのような弱い立場に置かれてしまう。金子はこうしたことを、ボランティアの「バルネラビリティ」（ひ弱さ）と呼んだ。

ところが、この「ひ弱さ」は、ボランティアの弱点を述べているのではない。むしろ権威や経済的利益とは異なる方法で課題にアプローチするうえで欠かせないものとも言える。

たしかに、人であれ組織であれ、自発的に行動すること、しかも、それが多くの耳目を集める社会課題であれば、特に日本では批判や冷笑の対象になりやすい。一種の「つらさ」を背負う点で弱い立場となりやすい。しかし、こうして自ら弱い立場に身を置くことによって初めて、共感する他者のかかわりを呼び込むこととなり、多くのつながりや助力を引き出す。ボランティアに見られる「助けることで、助けられる」連鎖は、人や組織のネットワークの拡大を意味する。こうしたネットワーキングは、組織や活動を生み出すとともに、社会課題の状況や関係性を変える重要な契機となる。

「弱さの強さ」という逆説、つまり自発性の持つパラドックスは、新しい組織や活動が生み出されるダイナミズムの源泉を説明している。ボランティアが展開し、NPOがさまざまな主体と協働しながら柔軟に活動を展開していく原理を理解するうえで重要だろう。

複雑な組織の難しさと不思議

この章では、NPOがなぜわかりにくい存在に映るのか、その背後にある要因について考えてきた。

NPOがさまざまな姿に見えるのは、複雑な参加や組織の構造とそれを生み出す背景、そして動態的な原理があるからだと考えられる。活動では事業性と運動性の二つの顔を持ち、複数の異なる利害関係者の参加があり、組織とコミュニティが相互浸透する。それが複雑さにつながる。自発性のパラドックスは、NPOを動態的な存在にしている。

これらの特性を持つＮＰＯは、光のあて方により活動の見え方が異なり、組織の境界が明確でなく、移ろいやすい存在となるため、シンプルな理解を時に難しくさせる。しかし、こうした特性を持つからこそ、ダイナミックで包摂的な活動ができるのである。

一方、こうした複雑さが相互に矛盾となって難しい組織運営を強いられることも考えられる。仮に矛盾が起きても、企業のように業績や株価といった明確な指標がないことが、このことを一層難しくさせる。現実には、こうした矛盾を抱えながらも、必要な活動に取り組むことをまず優先するため、目の前の状況に応じた判断をその都度せざるを得ない。結果的に、組織運営が一貫性のないもののように見えることもある。ＮＰＯのダイナミズムと、組織運営の試行錯誤は表裏の関係とも言える。

『ビッグイシュー日本版』（月２回刊）1991年にイギリスで創られ、2003年より日本版刊行。販売は大都市の街頭などでホームレスが担う。「仕事を提供し自立を応援する事業」で、有限会社ビッグイシュー日本に認定NPO法人ビッグイシュー基金（大阪）が協力

もちろん、すべてのＮＰＯがこうした複雑さを等しく持つわけではない。非営利と営利の特性を工夫して使い分ける組織も

ある。ただ、同じNPOと言っても、事業性の強いあるいは弱い組織、その境界が曖昧なくらい開放的な組織や逆に外からは閉鎖的に見える組織などが多様に併存するのは、時に相矛盾する複雑な要素に由来している。

この本では狭義のNPOを主な対象としているが、NPO／NGO、社会的企業や協同組合、ソーシャルビジネス、ボランティア団体などといったソーシャルセクター全体の多様性もまた、こうした複雑性の延長線上にある。いずれも馴染みの組織観を揺さぶる存在として増え続けている。

第3章　NPO法とはどのようなものか

1　成立までの道程──公権力とは違う世界の模索

特定非営利活動促進法の気運

特定非営利活動促進法（NPO法）は、日本のNPOに法人格を付与する制度として一九九八年に施行された。その第一条は次のように記されている。

（目的）
第一条　この法律は、特定非営利活動を行う団体に法人格を付与すること〔中略〕等により、ボランティア活動をはじめとする市民が行う自由な社会貢献活動としての特定非営利活動の健全な発展を促進し、もって公益の増進に寄与することを目的とする。

このNPO法は、「特定非営利活動」を行う団体に、権利義務の主体となる「法人格」を付与するものだ。特定非営利活動とは、「ボランティア活動をはじめとする市民が行う自由な社会貢献活動」を指す。端的に言えば、第1章で述べた「狭義のNPO」に法人格を付与するもので、認証された法人を「特定非営利活動法人」（NPO法人）と言う。NPO法制定にあたっては、市民による自由な活動と、国が制度としてそれを規定することの間に本質的な難しさがあり、この点で多くの議論があった。制度の説明の前にこの背景を見ておこう。

非営利で公益的な活動を行う団体のための法人制度は、この法制度の議論があった当時は、民法旧三四条に基づく公益法人制度（旧公益法人制度）があった。一八九八年（明治三一年）以来、これが財団法人と社団法人として非営利法人を長らく規定していた。実質的に、市民が活動を行うために法人組織を設立しようとすると、これ以外の選択肢はなかったと言える。

しかし、この旧公益法人制度は、主務官庁の裁量のもとで、法人設立の可否と税制優遇のある公益性の判断が一体的に行われるなど、ハードルが非常に高かった。何より、民間の非営利活動は政府の指導監督のもとで行うとの考え方がすでに時代に合わなくなっていた。

こうしたなか、阪神・淡路大震災の少し前より、NPOに法人格を付与する制度の必要性について市民の側と政治の側の双方で議論が始まっていた。

政治の側では、細川連立政権誕生後の一九九四年には、日本新党のNPO議員立法タスクフォースや、新党さきがけのNPS（ノンプロフィットセクター）研究会をはじめ、与野党ともにNPOに関する研究を行う動きがあった。

市民の側でも法人制度を目指す動きがあった。第1章で述べた日本ネットワーカーズ会議のフォーラム（一九九二年）では、制度のあり方も議論された。なかでも、「奈良まちづくりセンター」が総合研究開発機構（NIRA）より受託した「市民公益活動基盤整備に関する調査研究」が一九九三年に始まり、また「シーズ＝市民活動を支える制度をつくる会」が一九九四年に設立され、その後の立法過程で先導的な役割を果たした。

法案の加速、「市民」への抵抗感

阪神・淡路大震災とボランティア元年は、この制度化の動きを加速させた側面もある。震災直後には、経済企画庁（当時）が事務局となり一八省庁により設置された「ボランティア問題に関する関係省庁連絡会議」などの省庁主導、自由民主党・日本社会党・新党さきがけの与党三党による「NPOプロジェクトチーム」などの議員主導、そしてシーズなどの市民の側がそれぞれ準備を進める流れがあった。ここから、その後、議員立法とする流れが形成される。その内容について、与党内や後に結党された民主党との調整や、市民の側の熱

富良野の演劇団体

NPO法人 認証第1号

北海道富良野市の演劇企画団体「ふらの演劇工房」（篠田悠一代表）が二十三日、昨年十二月に施行された特定非営利活動促進（NPO）法に基づくNPO法人として北海道から認証を受けた。現在までに福祉、環境保護など全国各地の三百二十九団体が法人格取得の申請をしているが、経済企画庁によると今回が認証第一号になるという。

ふらの演劇工房は九七年秋に活動を開始、演劇を通じた高齢者のリハビリテーション支援や、演劇に関するセミナーなどを主催している。

同工房では「（NPO法人の認証を受けたことで）対外的な信用が得やすくなった」と話している。

NPO法認証第1号を伝える記事、『日本経済新聞』1999年2月24日　NPO法人ふらの演劇工房（北海道）は前日に認証を受けた。演者・観客が多数のボランティアとともに演劇を作り上げる

心な働きかけがあり、一九九七年六月に「市民活動促進法」が衆議院を通過する。

当初、市民活動促進法と称していたものが「特定非営利活動促進法」へと名称が変わったのは、参議院自民党の「市民」の語に対する強い抵抗があったからだと言う（NPO法人まちぽっと「NPO法（特定非営利活動促進法）制定10年の記録」ホームページ）。自民党の加藤紘一の回顧でも、自民党は有権者を「国民」と呼ぶ（市民とは呼ばない）との声があったという（公益法人協会「シンポジウム 公益法人制度改革と市民社会の新たな展望報告書」）。結果として、条文すべてから「市民」の語を削除し、名称を「特定非営利活動」に変えることで参議院での審議にかかることとなった。

このようにして、改正に時間のかかる民法三四条そのものには触れずに、特定の一二分野（当時）の非営利活動に法人格を付与する法律となった。ただ、先に載せた第一条をよく読むと、市民の語は「市民が行う自由な社会貢献活動」として唯一残っている。ここが全体を

規定していることを踏まえると、この一語の意味は重い。

同法案は、一九九八年三月に参議院で可決後、参院の修正を衆議院で可決、成立した。震災から三年あまりのことで、同法は一二月に施行される。

最初のNPO法人が認証されたのは翌一九九九年二月、北海道の「ふらの演劇工房」である。経済企画庁のまとめでは、およそ半年での申請数は五九一だった。

公権力の関与をいかに下げるか

一般に、議員立法は内閣立法（閣法）に比べて成立率が低い。超党派の議員立法として成立したNPO法は、そのなかにあって成功例の一つだ。同時にまた、さまざまな市民グループがその過程に強く関与したことから市民立法的な性質も併せ持っていた。

全国各地の団体が議論に参加したが、特に大きな役割を果たしたのが、先述のNIRA報告書「市民公益活動基盤整備に関する調査研究」（一九九四）の反響と「シーズ＝市民活動を支える制度をつくる会」を中心とする立法運動である。

前者の研究プロジェクトは、木原勝彬《かつあきら》（奈良まちづくりセンター）や佐野章二（地域調査計画研究所、ビッグイシュー）、その後の立法運動でも重要な役割を担う山岡義典（コンサルタント）らを中心に、渡辺元《げん》（トヨタ財団）、田代正美（経団連）、播磨靖夫（たんぽぽの家）など二〇名を超える委員会による大規模なもので、日本の歴史や英米の事情などをまとめつつ、NPOの法人制度の提案をしていた。NPO法の必要性のみならず、日本にNPOを本格的に紹介したものだ。同プロジェクトの第二期では、法制度の具体的内容を検討している。

後者のシーズは、この問題に取り組む二四団体の呼びかけで設立された。現代社会が直面しているさまざまな問題を「わたしたち市民一人ひとりの責任において取り組むべき問題」と捉え、市民の主体的な取り組みを発展させるためには、英米のように市民活動の基盤を確立すること、なかでも「法人格と税制の問題」に取り組むことを目指していた（シーズ＝市民活動を支える制度をつくる会「設立趣意書」一九九四年一一月）。シーズでは事務局長の松原明が主導的役割を果たし、要望書の提出や与野党の議員への働きかけなどのロビイングを積極的に行った。こうした過程をたんねんに読み解いた社会学者の原田峻は、『ロビイングの政治社会学』（二〇二〇）で、政党、省庁、そして市民グループによるせめぎあいを跡づけている。

一九九五年四月には、シーズ、NIRA報告書のグループ（市民公益活動の基盤整備を考える会）、NPO研究フォーラム、NPO推進フォーラムらによる「市民活動の制度に関する連絡会」が結成される。個々の活動が、法制化を契機に大きな流れとして形成された時期と言える。

また、さまざまな団体が独自案の発表や、全国各地でシンポジウム・集会を積極的に行い、この過程で、国際協力や環境分野などのＮＧＯ、まちづくり、環境、文化芸術、福祉などでそれぞれ活動を行う団体間の相互交流が進んだと考えられる。

ＮＰＯ法が市民立法的性質を強く持つのは、こうしたさまざまな市民の働きかけが立法過程を後押ししたことによるものだ。

多くの団体がＮＰＯ法の成立過程に強くコミットしたのは、法案の内容が自分たちの活動や、その後の市民社会のあり方を強く規定するからだ。その要諦は、市民自らの手によって、いかに自律的な市民社会の基盤を作れるかという課題である。言い換えれば、法人格により組織化を促進しながら、そこへの公権力の関与をいかに下げるかだった。

当時の旧公益法人制度の主務官庁制による許認可では、その裁量により可否が決められ、縦割りにより活動内容が制限され、時に癒着や天下り、あるいはそれを背景とした不正や汚職の温床にもなりかねなかった。政府（官）が公を担うのではなく、市民（民）がそれを担うための制度が求められていたのだ。

もちろん、法人格を付与する法律である以上、行政上の手続きが必要となるのは当然のことだ。しかし、その活動内容の是非が行政の裁量で決められることがあれば、その判断に従うものや、時の政府や行政に都合のよい法人ばかりとなり、究極的には政府の統制下にある下部組織化しかねない。さまざまな課題について自分たちの考えに基づき自律的に活動を行えることが市民社会の基盤として重要なのであり、その内容が政府の考えと合致するかしないかで法人組織設立の是非が決められてはならない。

NPO法では、主務官庁制でなく、一定の要件を満たせば誰でも法人設立が認証される。これを認証主義と言う。また、活動内容について、政府ではなく市民自らがチェックし監督するために情報公開の責任が重要な柱となっているのは、以上のような背景がある。

認定NPO法人制度と税制優遇

積み残された重要な論点もあった。税制優遇のあり方と公益法人改革につながる議論だ。NPO法の議論のなかで、当初から税制は重要な論点だった。公益的な活動を行っていること、財政的に脆弱《ぜいじゃく》で支援策が必要なこと、寄付を通じて市民自ら支え合うことなどの観点から、法人格を取得したNPOに税法上の優遇措置を講ずる必要性の議論である。結局、法人格付与と税の優遇措置を分け、前者をNPO法として成立させるとともに、後者については、二年以内に見直しの結論を得ることが附帯決議に盛り込まれた。

これにより二〇〇一年に創設されたのが「認定NPO法人制度」だ。NPO法で認証されたNPO法人のうち、一定の基準を満たす、より高い公益性がある法人を認定することで、税制上の優遇措置を受けられるようにする制度である。

認定NPO法人制度は、創設から二〇一二年三月までは租税特別措置法のもと国税庁が認定事務を担っていた（旧認定制度）。しかし、旧認定制度の厳しい要件では、認定を受けられるNPO法人が非常に少ないことが問題だった。

たとえば、二〇一〇年度末の時点でのNPO法人数は四万二三八五だが、うち認定NPO法人は一九八に過ぎなかった。こうした状況のなか、二〇一二年四月に改正NPO法が施行され、NPO法人に関する事務を地方自治体で行うとともに、新認定制度へ移行する。

この認定NPO法人制度が定める税法上の取り扱いは、支援する寄付側にかかわるものと、寄付を受けるNPO法人側にかかわるものがある。認定NPO法人に寄付を行う側が受けられる税制上の優遇措置は、個人の場合は寄付（所得控除・税額控除）、現物資産の寄付（譲渡所得税の非課税）、相続や遺贈財産の寄付（相続税の課税対象から除く）からなる。法人の場合は特別損金算入限度額の範囲内で損金額に算入できる。

寄付を受ける認定NPO法人に対する優遇措置は、収益事業の所得を非収益事業のために支出した場合、一定の範囲内で損金額に参入することができる。これをみなし寄付金と言う。

いずれもNPO法人への支援を促すのがねらいで、特に新認定制度後の認定NPO法人数は増加した。しかしながら、次章で見るように、まだその割合は大きくない問題がある。

公益法人制度改革へ

もう一つのテーマは、社団法人と財団法人を定める公益法人制度の抜本的な改革だ。

改正前の民法三四条は次のように規定していた。「祭祀、宗教、慈善、学術、技芸其他公益に関する社団又は財団にして営利を目的とせざるものは主務官庁の許可を得て之を法人と為すことを得」。ここにあるように、民間非営利の法人は主務官庁の許可で初めて作ることができた。「社会にとって何が公益か」の判断を、行政のみが行っていたわけである。

しかし、民が公を担おうとする時代にそれは馴染まない。このことを踏まえ、NPO法案の附帯決議にも、民法三四条の公益法人制度を含む非営利法人の制度を総合的に検討することが盛り込まれた。

その後、公益法人制度改革はNPO法の成立以後に本格的に議論され、二〇〇八年に新しい公益法人制度としてスタートする。

新しい公益法人制度の基本的な考え方は、NPO法と同様、法人設立の可否と公益性の判断を分けた点にある。

法人設立の可否は、許認可から準則主義（必要な要件を満たしていれば法人格を付与するという考え方）に基づくこととなり、基本的要件を満たせば誰でも法人設立が可能となった。

これを「一般社団法人・一般財団法人」と言う。公益性の判断は、後述するように行政庁（内閣府または都道府県）の公益認定等委員会などにより認定されることになる。これを「公益社団法人・公益財団法人」と言う。旧公益法人制度下で設立された社団法人と財団法人も、五年の移行期間の間に新しい制度の定める形態、すなわち一般社団法人・一般財団法人、もしくは公益社団法人・公益財団法人のいずれかに移行することとされた。公益法人の名称こそ旧法と同じだが、移行期間を経てすべて新しい法人となる。日本の公益活動にとっておよそ一〇〇年ぶりの大きな転換点だった。

公益法人制度改革は、その内容からもわかるとおり、NPO法の議論の影響がある。こうして、民間による非営利の法人制度を時代に即したものへ変えることを目指した運動は、NPO法の成立、優遇税制、公益法人制度改革で、ひとまず一定のかたちを見た。

NPOを設立する側からこのことを見れば、非営利法人の選択肢は、NPO法人、認定NPO法人、一般社団法人、一般財団法人、公益社団法人、公益財団法人の六つとなった。行政が統制するのではなく、市民が自律的に選択し設立できる点で画期的なことと言える。

ただし、これらは何が違うのか、法人設立はどの形態が相応しいのかなど、わかりづらくなっている側面も否めない。実際、公益法人制度改革の際にすでにこうした指摘がされていたが、まずは市民の選択に委ねるとの意見もあった。

2 NPO法人を創るには――法の概要と方法

ここからは、NPO法人に絞って話を進めよう。

NPO法人は、一定の要件を満たせば、非営利活動を行いたいと考える誰もが設立できる。その要件とは次のようなものだ。

設立のための八要件

一 特定非営利活動を行い、不特定かつ多数のものの利益（公益）の増進に寄与することを目的とすること

二 営利を目的としないこと

三 社員の資格の得喪《とくそう》に関して、不当な条件を付さないこと

四 役員のうち報酬を受ける者の数が役員総数の三分の一以下であること

五 宗教活動や政治活動を主たる目的とするものでないこと

六 特定の公職者（候補者を含む）又は政党を推薦、支持、反対することを目的とするものでないこと

七　暴力団又は暴力団、若《も》しくはその構成員、若しくはその構成員でなくなった日から
　五年を経過しない者の統制の下にある団体でないこと
八　一〇人以上の社員を有するものであること

以下、重要な点について、その考え方を見ておこう。

活動の目的にかかわるものとしては一項と二項で、公益的で、特定非営利活動を行い、営利目的でないこととしている。

まず不特定かつ多数のものの利益の増進に寄与することとは、特定の人のみが受益者ではないことを意味し、これをもって公益的であるとしている。対象者や地域の限定があることは問題ないが、特定の個人・団体、あるいは構成員のためだけの活動は含まれない。受益者が開かれていることが重要なのである。

次に、営利を目的としないとは、収入を得ることを禁じているわけではない。この点は重要だが、同時に多くの誤解を生んでいる点でもある。ここでは、組織の構成員に対し活動から得られた剰余金を分配することや財産を還元しないことを指し、収入を得てはいけないと言っているのではない。第1章で述べた非分配の制約のことである。職員の雇用などの人件費をはじめ、活動の実施と継続にはさまざまな必要経費があり、それを賄うための収入が必

要となるのは当然のことだ。得られた利益は、組織の活動のために用いればよい。

特定非営利活動分野は、NPO法成立時には一二分野あり、その後の改正（二〇〇三年の一七分野）を経て、二〇一二年の改正で二〇分野となった（3－1）。この変遷のなかで、「経済活動の活性化を図る活動」「職業能力の開発又は雇用機会の拡充を支援する活動」「消費者の保護を図る活動」「観光の振興を図る活動」などが加わった。NPOが、経済や産業に直結する分野に活動の幅を広げている、あるいはそれが期待されていることがわかる。

ただし、これらの分野のいずれかに特化した活動をしなければならないのではない。むしろその逆で、実際には複数分野で活動することを定款《ていかん》に記載するNPO法人の方が多い。「活動分野」は、往々にして行政の縦割りのように制度的に決められるが、NPOの活動は本来こうした分野にとらわれずに行うものである。

たとえば、地域で居場所づくりを行う組織は、福祉であり、子どもの健全育成であり、まちづくりであり、中間支援的なものだ。国際協力活動には、時に保健医療も、人権も、防災も含まれる。こうして分野を越境して活動を行えることがNPOの強みであり、それを特定の分野の活動だと自己規定する必要はないし、それを過度に求めることもまた誤りである。

もちろん、それぞれの分野自体にも多様な活動が含まれている。その一つひとつを示す紙幅はないが、3－2にその例をいくつか示した。

なお、本来事業である特定非営利活動を主たる目的としたうえで、その活動に必要な経費などに充《あ》てるため、「その他の事業」として収益事業なども行うことができる。収益事業は通常の法人と同様に課税されるが、その収益を本来事業の実施に用いることで、その部分の税制優遇がある（先述のみなし寄付金）。

たとえば、国際協力団体が、フェアトレード商品の販売をしつつ、その収益を途上国の教育活動に充てる場合は本来事業と言えるが、一般を対象とした旅行ガイドを行うとすれば、それは本来事業とは言い難い。この場合、これをその他の事業として会計を分け、その収益を本来事業に用いることになる。

宗教活動や政治活動を目的としないとする五項も、時に誤解を招きやすい。宗教の教義を広め信者の獲得や教化教育を行うのであれば、それは宗教法人として行うべきことである。ただし、さまざまな宗教的考えを背景に活動を行うことはできるし、信教の自由の観点からもこれを排除することはできない。

政治活動についても、六項にあるように、候補者支援などは政治団体としてすべきことだが、政策や施策の推進が制限されているわけではない。特に被支援者への擁護、支持、代弁といったアドボカシーはＮＰＯの重要な役割であり、その意味でＮＰＯと政治は切り離せないとも言える。社会課題の解決には、さまざまな施策は欠かせないものだ。むしろ、そのた

2003年5月1日
活動分野
保健，医療又は福祉の増進を図る活動
社会教育の推進を図る活動
まちづくりの推進を図る活動
学術，文化，芸術又はスポーツの振興を図る活動
環境の保全を図る活動
災害救援活動
地域安全活動
人権の擁護又は平和の推進を図る活動
国際協力の活動
男女共同参画社会の形成の促進を図る活動
子どもの健全育成を図る活動
情報化社会の発展を図る活動
科学技術の振興を図る活動
経済活動の活性化を図る活動
職業能力の開発又は雇用機会の拡充を支援する活動
消費者の保護を図る活動
前各号に掲げる活動を行う団体の運営又は活動に関する連絡，助言又は援助の活動

2012年4月1日
活動分野
保健，医療又は福祉の増進を図る活動
社会教育の推進を図る活動
まちづくりの推進を図る活動
観光の振興を図る活動
農山漁村又は中山間地域の振興を図る活動
学術，文化，芸術又はスポーツの振興を図る活動
環境の保全を図る活動
災害救援活動
地域安全活動
人権の擁護又は平和の推進を図る活動
国際協力の活動
男女共同参画社会の形成の促進を図る活動
子どもの健全育成を図る活動
情報化社会の発展を図る活動
科学技術の振興を図る活動
経済活動の活性化を図る活動
職業能力の開発又は雇用機会の拡充を支援する活動
消費者の保護を図る活動
前各号に掲げる活動を行う団体の運営又は活動に関する連絡，助言又は援助の活動
前各号で掲げる活動に準ずる活動として都道府県又は指定都市の条例で定める活動

3-1　NPO法の分野の変遷

	1998年12月1日
号数	活動分野
第1号	保健，医療又は福祉の増進を図る活動
第2号	社会教育の推進を図る活動
第3号	まちづくりの推進を図る活動
第4号	文化，芸術又はスポーツの振興を図る活動
第5号	環境の保全を図る活動
第6号	災害救援活動
第7号	地域安全活動
第8号	人権の擁護又は平和の推進を図る活動
第9号	国際協力の活動
第10号	男女共同参画社会の形成の促進を図る活動
第11号	子どもの健全育成を図る活動
第12号	前各号に掲げる活動を行う団体の運営又は活動に関する連絡，助言又は援助の活動
第13号	
第14号	
第15号	
第16号	
第17号	
第18号	
第19号	
第20号	

註記：「活動分野」で太字のものが改正により追加された
出典：内閣府「NPOホームページ」（https://www.npo-homepage.go.jp）より筆者作成

3-2　NPOの活動内容例

NPO法上の活動分野	具体例
保健，医療又は福祉の増進を図る活動	高齢者介護サービス（介護保険サービス：ホームヘルプ，デイケア，移送，配食サービスなど），障害者支援（グループホーム，共同作業所など），難病者・依存症患者・生活保護者などへの支援，点字・手話活動
社会教育の推進を図る活動	学校教育以外の教育全般，学びや学び合いにかかわる活動，野外活動，スタディーツアーの実施，在日外国人への日本語教室，社会人講座や生涯学習
まちづくりの推進を図る活動	村おこし，町おこし，商店街の活性化，居場所づくり，古民家再生，町並み保存・歴史的建造物の保存，観光地のガイドボランティア，バリアフリーマップの制作，地域メディアの実践（地域情報誌発行の活動など）
学術，文化，芸術又はスポーツの振興を図る活動	芸術家の支援，伝統文化の振興・継承，子どもたちの表現活動，市民劇団，オーケストラ，合唱団，地域スポーツ活動，スポーツ教室・指導，地域史・郷土史などの研究，海外との文化交流
環境の保全を図る活動	野生動物・野鳥の保護，絶滅危惧種の保護，ナショナル・トラスト，森林保全，ビオトープづくり，自然観察会など環境教育，リサイクル事業，公害調査・防止，環境教育・意識啓発
災害救援活動	災害時の被災者に対する支援，避難所の運営支援，救援物資の確保と輸送，被災者の生活支援，被災情報や救援情報の集約・発信，防災教育，防災意識の啓蒙活動
人権の擁護又は平和の推進を図る活動	犯罪被害者の支援，人権啓発，差別に反対する運動，子どもの虐待防止，家庭内暴力からの保護，平和教育，核兵器反対，地雷の禁止を求める運動，ホームレスの生活支援
国際協力の活動	難民救援活動・支援活動，国際医療支援，開発援助・教育支援・技術支援，国際交流活動，留学生・在留外国人の修学・生活・就労支援，フェアトレード
子どもの健全育成を図る活動	一時保育，子育て支援活動，親子教室，非行防止，いじめ相談，フリースクール，子どもの居場所づくり，児童虐待の防止・予防活動，孤立対策
連絡，助言又は援助の活動	NPOセンター・市民活動・ボランティアセンターなどの運営，市民参加の機会の提供，セミナーやサロンの開催，組織運営のコンサルティング，ネットワーキング機会の創出

出典：筆者作成

めの提言や支持・不支持は必要なことであり、社会全体にとっても大きな意味を持つ。

求められる一〇人以上の会員

次に組織的な要件を簡単に見ておこう。三、四、七、八項がそれだ。

法人設立には、一〇人以上の会員（NPO法上では「社員」と言う）が必要となる。設立時の一〇人が高いハードルとなる場合もあるが、ともに活動する仲間一〇人を集められないようでは、その後の展開が見込めないとも言える。この際、その社員になるのに不当な条件をつけてはならない。特定の人たちによる閉じた組織とならないためだ。

最低人数にせよ参加資格にせよ、広く社会的な活動を行うと同時に、それを担う組織もまた開かれることにより、NPOの公益性が担保されているのだと考えることができる。

NPO法人を構成する全社員が参加し、組織の意思決定を行うのが社員総会である。株式会社の株主総会と同様、予算や事業の計画などについて議決する。NPO法人は、この総会を年に一回以上開催しなければならない。組織運営上の観点からすれば、構成員は一定以上必要だが、逆に社員が多くなるとそれだけ意思決定が困難となる可能性もある（意思決定に関与しない賛助会員などを設ける場合もあり得る）。

総会での議決事項のうち、総会で行わなければならないのは定款の変更、法人の解散・合併であり、それ以外の事項については理事へ委任することができる。この設計により、意思決定の場を総会主導とするか、次に述べる理事会主導とするかが決まる。

理事会を構成する役員は、理事三人以上と監事一人以上が必要で、欠格事由に該当しない限り、社員以外から選出することもできる。欠格事由にはいくつかあるが、特に暴力団やその構成員がかかわることに対する制限はもっとも厳格だ。このほか、親族の数は一人を超えて含まれないこととし、その割合は役員の総数の三分の一を超えてはならない。これらの役員で意思決定機関を構成することができ、このうち役員報酬を得るのはその三分の一以下に限られている。

NPO法人設立の流れ

では、目的が合致し、以上の要件を満たしているとして、NPO法人を実際に設立するには具体的に何を行えばよいだろうか。一つずつ進めれば、さほど難しいことではない。

NPO法人の設立申請に必要なことは、大きく三つに分けられる。①設立の意思決定を行うこと、②要件を確認すること、③認証の申請を行うことだ。

具体的には、①設立を呼びかける発起人による設立準備のための会合（設立準備会など）を開き、法人設立を行うことを意思決定する。②設立趣旨書、定款、設立年度と翌年度の事業計画書、役員及び社員一〇人以上の名簿などの認証申請書類一式を作成し、社員予定の人びとが設立総会で正式にそれを決定する。③用意した書類を所轄庁（その団体の事務所がある都道府県もしくは政令市）に提出する、という流れとなる。

提出書類のうち、設立趣旨書は、なぜ、どのような経緯で設立するのかを広く社会に説明する文書であり、定款は法人組織の運営に関する事項を定めたものである。いずれも情報公開されており、他団体から学ぶこともできる。実際には、準備の過程で、所轄庁の窓口や後述するＮＰＯセンターなどと呼ばれる中間支援組織に相談に行くのがよいだろう。

こうして所轄庁に提出された書類は、形式上のチェックを行い、それが広く一般市民の誰もが見られるよう二週間の縦覧にかけられる。もっとも重要なことは、その内容を最終的に判断するのは行政ではなく、設立しようとする人たちと同じ市民であるという、その根底にある考え方だ。合わせて要件の確認が行われ、認証・不認証が決定される。認証されれば、登記することで法人設立となる。以上の流れは付録にもまとめた。

情報公開の持つ意味

ＮＰＯ法人は権利義務の主体であり、他の法人組織と同様に納税や労働法規の遵守《じゅんしゅ》などの義務がある。特に重要なのが情報公開の義務だ。

NPOは市民により作られ、同時に市民に理解され、支援される存在である。行政の監督を極力少なくすることは、同時に市民の目によってこれをチェックしなければならないことを意味する。NPO法人が活動を行うことと、その内容を広く公開することは表裏一体だとも言えるだろう。

具体的には、先述した申請時の縦覧に加え、各事業年度開始三ヵ月以内に前年度の事業報告書などを所轄庁に提出する必要がある。これも本来的には所轄庁にお伺いを立てる報告ではなく、活動内容を広く社会に公開するためのものだ。情報公開までを含めて初めてNPO法人の活動が成立すると言ってもよい。むしろ、情報公開が十分でないNPO法人は、法人としての責務を果たしていないと言える。

なかでも重要なのは会計に関する情報で、組織に入ったお金がどのように用いられているかは、社会的には最大の関心事の一つだろう。たとえどれほど素晴らしい活動を行っていても、資金の流れが不透明であれば、社会的信頼を得られない。NPO法人側からすれば、これらに疑義がないことを通じて、初めて市民の信頼を獲得することになる。

実は、こうした情報公開の事務作業量が膨大で、人手の乏しいNPO法人には過重な負担となっている現実もある。重要なことは、市民の参加と支援のなかで公益を推進するのに、社会全体として「最低限必要な情報は何か」であり、そのことを含めた合理的な情報公開のあり方を検討する必要もある。

また、申請や報告などの一連の手続きに際し、行政がどこまで関与するかは、実際にはなかなか難しい場合があり得る。もちろん内容については指導できないが、初めて申請する側は手続きに不慣れだ。軽微なものや形式上の不備で何度も提出をし直すのは非効率でもある。

こうした事情もあり、所轄庁でも見本となる様式やガイドなどを用意していることが多い。ただし、法の理念から逸脱しないようにすることが重要で、法令を行政の都合のいいように拡大解釈するようなことがあってはならない。こうした判断は窓口となる所轄庁で行われるため、異議申し立てはできるものの、現状ではここの運用をチェックできるしくみはない。

以上のように、設立時には、書類や手続きの意味を理解することが重要だ。そのうえで、法人設立自体は書類が整えば可能だとも言え、実際に巷にはさまざまな解説本もある。

そうした数多くある手引きのなかで、ここでは『ＮＰＯ法人の手引』を紹介しよう。兵庫県内の二六（二〇一三年当時）のＮＰＯサポート団体が集まる「ひょうご中間支援団体ネットワーク」が、所轄庁の兵庫県と神戸市と協働で作成したものだ（二〇一七、二二年に改訂）。ＮＰＯと所轄庁がそれぞれの立場から経験と知見を持ち寄り、ＮＰＯ法人の設立や運営に必要な考え方がまとめられており、兵庫県のホームページより入手できる。

3 参加するとき、終わるとき

参加するには

NPOへの参加の仕方は、自ら法人組織を立ち上げることだけではない。むしろ、すでに行っている活動に加わることの方が一般的ではないだろうか。

参加のあり方は多様だ。専従の職員として就職するケースもあれば、有給の非常勤や、ボランティアとして活動に参加することもある。ボランティアも、無償の場合もあれば、交通費などの実費が支払われる場合、あるいは有償で行われるものもある。組織運営に近いところで業務を担う役割もあれば、活動の現場に参加することもある。参加する側からすれば、NPOに就職したい人もいれば、働きながら別に活動の場を求める人、できる範囲で活動してみたい人もいるだろう。

つまり、NPOへの参加のあり方は、いわゆる就職や転職のイメージより相当に広い。重要なことは、どのようにかかわりたいかと、どのようなかかわりが求められているのかの間にミスマッチがないことだ。

NPO法人については、情報公開の内容が内閣府NPOホームページから得られる。これを手がかりに関心のあるテーマや身近な地域の活動を探すのもいいだろう。

しかし、実際には、その数が多いだけでなく、活動の様子までは伝わらないため、データから選ぼうとしても難しい場合が多い。現実的には、これから活動したいと思う人であっても、どのような活動を行いたいかが漠然としていることの方が多い。「何かしたいが、どうしていいかわからない」のが本音ではないだろうか。

こうした場合、現場に詳しい人などに相談しながらイメージを固めていくことが入口となる。その窓口となるのが、多くの地域にある中間支援組織だ。「NPOセンター」や「市民活動センター」などと呼称するものが多いが、まちづくり活動を行う組織のように、中間支援的な機能を持つNPOも少なくない。

中間支援の役割は幅広いが、活動に参加したい人を、組織や活動の場につなげていくことも重要な機能の一つである。NPO法人の設立相談や支援、組織運営のコンサルティングなども行っており、参加だけでなく、設立や支援についても相談できる。その形態も多様で、こうしたセンターを、自治体が設置・運営するケース（公設公営）、自治体が設置しNPOなどの民間が運営を担うケース（公設民営）、設置も運営も民間が行うケース（民設民営）がある。他にも、各自治体の社会福祉協議会にはボランティアセンターがあり、地域のボランティア活動への参加の相談に乗ってもらえるだろう。

次章で見るように、NPOへの参加は口コミを介するものがもっとも多い。このことは、就職情報サイトのような方法ではなく、人のネットワークを通じて情報が流れていることを意味する。中間支援組織は、いわばこのネットワークのハブと言える。特にこれまでNPOと縁遠かった人にとっては、まずそこに相談するのが近道ではないだろうか。

継承と解散

NPO法成立時に主に想定されたのは、当時の状況からも、法の第一条にある目的からも、まず既存のボランティア団体が法人格を取得する流れだったと考えられる。もちろん、あらゆるボランティア団体が法人格を必要とするわけではなく、任意団体として活動する団体も数多くある。一方、活動当初からNPO法人として設立されることも多くなってきた。

法人格は、それを得ることに関心が向かいがちだが、設立数が増えれば解散数も増える。企業の廃業がそうであるように、活動や事業が継続できなくなるのは、財政面や人材面の事情が大きいと考えられる。

これらは常にNPOの抱える課題であり続けた。特に人材の問題は、活動者の確保だけでなく、リーダーシップや後継者の問題が大きい。

多くのNPOは、設立時のメンバーの強い動機と理念の共有から活動が始まっていると考えられる。こうした想いは組織活動を持続させる重要なエネルギーである。その一方、同じような考えを持つメンバーが新たに加わらず、高齢化などにより活動の継続が困難となれば、途端に組織の動力を失ってしまう。

ＮＰＯにとって人材の問題は、企業での労働力とは異なり、その数が満たされればよいわけではない。活動理念や内容への共感が求められるケースも多いだろう。この際、理念にこだわるのか、あるいは組織のあり方を問い直すのかが問題となる。組織を続け、新しいメンバーに承継するのは一大プロジェクトだと言える。

その一方で、どこかマイナスのイメージを伴う法人の解散も、ＮＰＯに限ってはそうとも言えない面もある。

ＮＰＯ法人は社会課題の解決など広く公益的な目的を掲げ活動を行う。具体的には、背景やねらいを設立趣旨書に、活動の目的を定款に記載しているはずだ。その達成のためには、多くの場合、活動を粘り強く続けること自体が重要で、だからこそ承継の問題は大きい。しかし、特定の目的を達成できれば、その活動を終えることがあっても不思議ではない。

たとえば、ある政策の実現のために活動を行う場合のゴールは明確で、災害支援活動は、中長期に及ぶ場合もあるにせよ、一定の段階で活動終了が判断されることもある。これはＮＰＯが、組織の持続そのものではなく、活動目的の実現のために結集するプロジェクト型の組織だからだ。この場合の解散は、目的達成を意味するため、望ましい結果だと言える。

もちろん、長らく活動をしてきた組織ほど、その過程で有形無形の資源を獲得しているだけでなく、新たな問題意識や活動目的が生じていることもあり得る。その場合は、次なる目的を掲げて新たなNPO法人や一般社団法人などとして活動を行うことも珍しくない。目的が営利事業となれば、株式会社を設立する選択もあるだろう。

認証取り消しのケース——会計情報と信頼性

NPO法人の解散には、目的の達成や運営の継続が困難になることに加え、所轄庁の認証取り消しもある。法令違反や社会的な問題を引き起こすケースだ。解散や継承全般の議論と並べて述べるべきことではないが、これについても触れておく必要はあるだろう。

所轄庁による認証取り消しのケースとして問題かつ深刻だと考えられるのが、情報公開にかかわるものである。具体的には、NPO法人としての義務である毎年度の事業報告書の提出を三年以上にわたって行っていない場合などで、認証が取り消される（四三条）。また、所在地変更を届けていない、定款とは異なる活動を行っている、不存在の役員が名簿に記載されているなど、規定している内容と異なる実態がある場合も改善を命令する対象となり、改善が見られなければ認証が取り消される可能性がある。

活動報告ができない、申請内容と異なるなどの事実は、法人組織として適正に活動できていないことを意味している。設立はしたものの、その後活動実態のない休眠法人の存在もある。背景には、専従のスタッフもおらず少人数で組織運営を行うＮＰＯ法人にとって、事務的な作業が多大な負担となっている実態も透けて見えてくる。活動そのものに注力したい、人手が足りないといった事情もあるだろう。だが、法人として存続する以上は、日々の活動とともに組織運営と情報公開が適正である必要がある。それはＮＰＯが社会的な理解と支援のもとに存在しているからだ。

社会的信頼を獲得するために重要となるのは会計の適正さである。ＮＰＯ法人も非営利法人の一つとして、会計報告をどうするかは重要なテーマだ。会計報告に不慣れな小規模な組織にとっては大きなハードルとなることは容易に想像できる。実際、記載内容に不備のあるものが散見され、法人により会計処理の方法が異なるなど、市民の理解しやすい情報公開となっていない点で課題であるとの指摘もある。これに対し、国民生活審議会総合企画部会報告（二〇〇七）は、行政が基準を設けることは必要以上の指導的効果を持つ恐れがあるとし、民間の自主的な取り組みとして改善されるべきだと述べる。

こうした状況のなか、全国の中間支援組織や専門家らが立ち上げたＮＰＯ法人会計基準協議会が中心となり、会計基準の策定が精力的に行われた。この「ＮＰＯ法人会計基準」は、小規模団体も含め、実際の運営実態を反映させるべく、幅広い議論から二〇一〇年に策定された（二〇一七年に一部改正）。市民自らがNPO法人をチェックする法の趣旨を踏まえ、法令などで義務化するのではなく、NPO法人がこれを主体的に用いることを勧めている。

4 多様化する法人形態

認定NPO法人制度と公益性の認定

ここまでNPO法人全体の説明をしてきたが、制度的にはそれ以外のカテゴリもある。先述のとおり、NPO法人には税制上の優遇はないが、公益性がより高いと見なされることで、一定の優遇措置を受けられる「認定NPO法人」となることができる。それ以外にも、同種の活動を行いながら異なる法人格を選べるため、実態としてさまざまな法人形態で活動を行っている。この章の最後に、これらを順に見ておこう。

まず、NPO法人を対象とする認定制度（認定NPO法人制度）である。この認定制度でも、行政の裁量で可否が決められるのではなく、一定の要件が明示されている。

その要件は、法令違反、暴力団やその構成員などの統制下にあるなどいくつかの欠格事由に該当しないことを前提に以下の八つがある。

①後述するパブリック・サポート・テストに適合している
②事業活動において、共益的な活動の占める割合が五〇%未満である
③運営組織及び経理が適切である
④事業活動の内容が適切である
⑤情報公開を適切に行っている
⑥事業報告書などを所轄庁に提出している
⑦法令違反、不正の行為、公益に反する事実がない
⑧設立の日から一年を超える期間が経過している

要件が多くあるようだが、組織規模や経験の大小にかかわらず、法務や税務を含めNPO法人としての組織運営や事業が適正に行われていること（3、4、5、6、7）、公益性が担保されていること（1、2）が大きなポイントである。前者には、適正な情報公開も当然含まれる。後者については少し説明が必要だろう。

公益性を測るパブリック・サポート・テスト（PST）は、その名のとおり、市民により広く支援されていることを測る基準だ。寄付を受けている数が多いことをもって、広く支援

され（それだけ広く必要とされ）ており、それゆえに公益性が高いと判断される。

寄付の数には、相対値基準（収入金額のうち寄付金の占める割合が二〇％以上）の見方と、絶対値基準（年三〇〇〇円以上の寄付者数が期間平均一〇〇人以上）の見方があり、いずれかを満たすことが求められる。これ以外に、各都道府県・市区町村の条例により個別指定を受けるケースもある。

PSTの基準は、特に設立後間もない組織にとっては、活動実績が乏しく財政基盤が脆弱にもかかわらず、広く支援を受けていないと認められない難しさがある。そのため、設立後五年を経過しないNPO法人については、PSTの基準が免除される特例認定制度もある。

また、ここで言う共益的とは、一部の限られた人を対象とした活動を指している。こうした活動の占める割合が五〇％未満である必要もある。

一般法人と公益法人

民間で非営利の活動を行う法人は、NPO法人以外に、一般法人（一般社団法人・一般財団法人）と公益法人（公益社団法人・公益財団法人）がある。

社団法人は一定の目的のために組織された人の集合に法人格を付与するもの、財団法人は財産の集合体に法人格を付与するものだ。

先述のとおり、公益法人制度改革により、要件が揃えば誰もが一般社団法人、一般財団法人を設立できるようになった。さらに、公益性の基準を満たすことで公益社団法人、公益財団法人となることができる。市民にとっては設立できる法人の選択肢が増えたことになる。

ＮＰＯ法人と一般法人、公益法人には相違もある。ＮＰＯ法人と一般法人の違いは、前者が認証主義で、社員一〇人、二〇の活動分野、情報公開が定められているのに対し、後者は準則主義により、社員二人、営利活動も行える営利型一般社団法人も可能だ（３－３）。

設立時の要件が二名であるなど、簡便に法人格を取れることもあり、一般社団法人を選ぶケースも増えている。そのなかでＮＰＯ法人を選択するのはどのような場合だろうか。

ここまで見てきたように、ＮＰＯ法人は、その設立も運営も広く社会の目からのチェックが入るしくみがある。それは、ＮＰＯ法人が公益的な活動を行う前提があるからだ。対する一般法人は、情報公開の規定が弱く、必ずしも公益性を要件としているわけではない。こうした違いは、そもそもＮＰＯ法人が市民の社会貢献活動の基盤として位置づけられているのに対し、一般法人は社団（人格なき社団、任意団体）に法人格を付与するという趣旨の違いに由来する。しかし、実際には一般法人として広く社会に対する公益的な活動を行う団体も少なくない。同時に、同窓会や趣味の団体、営利事業なども含まれ、ＮＰＯ法人よりもさらに多様性が高い。当然優劣はなく、目的や状況に則した法人格を選択すればよい。

公益社団法人	労働者協同組合法人	株式会社
公益社団法人及び公益財団法人の認定等に関する法律	労働者協同組合法	会社法
非営利	非営利	営利
公益目的事業（23種類）	労働者派遣事業以外には制約なし	制約なし
一般社団法人のうち，公益認定等委員会などの答申を踏まえ，行政庁が公益認定	準則主義	準則主義
社員総会	組合員総会	株主総会
1人1議決権	1人1議決権	出資比率による
1人（設立時は2人）以上	3人以上	1人以上（株主）
理事3人・監事1人以上	理事3人，監事1人（もしくは組合員監査会）以上	取締役1人以上
不可	可（従事分量に基づく）	可
収益事業に課税 優遇税制あり（寄付金の税額控除，みなし寄付金）	全所得課税	全所得課税
行政庁の監督	行政庁の監督	無
毎事業年度必要	無	無
公益法人には，他に公益財団法人がある	労働者協同組合には，他に特定労働者協同組合がある	

各ホームページなどを基に筆者作成

3-3　NPO法人とその他法人との違い

	NPO法人（特定非営利活動法人）	認定NPO法人	一般社団法人
根拠法	特定非営利活動促進法	特定非営利活動促進法	一般社団法人及び一般財団法人に関する法律
目的	非営利	非営利	非営利型・その他（普通）型
事業	特定非営利事業（20分野）その他の事業	特定非営利事業（20分野）その他の事業	制約なし
設立手続き	認証主義（要件を満たすことで，所轄庁が認証）	NPO法人のうち，パブリック・サポート・テストなど一定要件を満たすことを所轄庁が認定	準則主義
最高議決機関	社員総会	社員総会	社員総会
議決権	1人1議決権	1人1議決権	1人1議決権（定款で別途定めることも可能）
社員数	常時10人以上	常時10人以上	1人（設立時は2人）以上
役員数	理事3人・監事1人以上	理事3人・監事1人以上	理事1人以上（非営利型は3人以上），理事会設置の場合は監事が必要
余剰金の分配	不可	不可	不可
課税範囲	収益事業に課税	収益事業に課税優遇税制あり（寄付金の税額控除，みなし寄付金）	非営利型は収益事業に課税普通型は全所得課税
監督	所轄庁の監督	所轄庁の監督	無
情報公開義務	毎事業年度必要	毎事業年度必要（助成金・海外送金等の報告義務あり）	無
備考		認定NPO法人には，他に特例認定NPO法人がある	一般法人には，他に一般財団法人がある

出典：内閣府「NPOホームページ」「公益法人information」、厚生労働省、法務省

先述のとおり、NPO法人は、認証手続きの過程や情報公開などを通じて社会に開かれている。公益的な活動を市民の主体性と支えのなかで推進するためには重要な点であり、その認識が社会的に深まれば、NPO法人を選択することに意味が出てくるだろう。NPO法人の側から見れば、情報公開により透明性を高めることで、社会的信頼を獲得する機会がある。

このように、法の趣旨やチェック機能の考え方が異なり、法人設立の簡便さの側面だけに関心を置かずに考えることも重要だろう。

公益法人についても認定NPO法人と比較される。いずれも公益性の基準を満たすことで税制上の優遇措置があるが、公益性の基準は二つの制度で異なる。認定NPO法人には先述のPSTの基準があり、所轄庁がその認定を行う。公益法人となるためには、公益目的事業を主たる目的とし、その事業比率が五〇%以上であることや、同一親族などが理事または監事の三分の一以下であることなど一八の認定基準を満たす必要がある。その認定は、国または都道府県に設置される独立した機関（公益認定等委員会など）が行う。

多様化するソーシャルセクターの法人形態

NPO法人と一般法人の違いは趣旨の違いから理解することができ、また、認定NPO法人と公益法人の違いは公益性の判断基準の違いから理解することができる。ただ、申請する側からは、理念とは関係なく設立手続きの難易で法人形態を選択する場合もあり、実質的にこれらの制度はオーバーラップしているとも言える。さらなる制度改革を求める考え方もある一方、多様で多層的な市民社会の構築の観点から、こうした状況を評価する見方もあるだろう。

School for Life Compath（北海道）　デンマークの成人教育をモデルに、市民教育プログラムを行う株式会社Compath

さらに、非営利法人ではない法人形態をとる場合もあり得る。第1章でも述べた二つに触れておこう。一つは株式会社で、もう一つは労働者協同組合だ。

株式会社は営利法人であり、非分配の制約がないのでNPOではない。しかし、たとえば「ソーシャルビジネス」として取り上げられる組織のなかには、NPOだけでなく株式会社の形態もあり得る。また、NPO法人として活動している組織が、事業体として株式会社を設立する場合もある。従来、営利法人が社会的な活動を行う場合、社会貢献活動として行われることが多かったが、こうした活動自体を事業として展開するスタートアップも見られるようになった。法人制度的には大きく異なるものの、実態としてこの両者の距離は近くなっている面もある。

労働者協同組合はワーカーズ・コレクティブやワーカーズ・コープとも呼ばれてきた存在で、出資、労働、経営をすべてメンバーが行う。NPO法人の形態をとるケースも少なくなかったが、二〇二二年から労働者協同組合法が施行され、労働者協同組合という選択肢が増えた。こうした協同組合の法制度は、イタリア、スペインをはじめとする欧州諸国、カナダ、アメリカなど多くの国や地域で見られる。

これらと先述の各法人の違いは、非分配の制約の有無や組織の所有や意思決定の考え方などの点にある。

このように、社会課題の解決など社会性の高い活動を行う組織は、NPO法人をはじめ、多様になってきている。「どのような」活動を行うのかのみならず、「どのように」活動を行うのか、という点もソーシャルセクターにとっては重要だからだ。その組織のあり方についての多様な考え方が、今日の法人形態の多様化を生んでいる。

第4章　参加意識と活動実態

1　世界と日本の温度差

信頼と認知

世界六〇ヵ国以上を対象とした「世界価値観調査」（World Values Survey）では、さまざまな対象への信頼度も調査している。そのなかには、宗教団体、軍隊、警察、国際機関などに加え、政府、大企業、慈善団体に対する信頼も含まれる。「慈善団体」（原文はCharitable or humanitarian organizations）と「NPO」とは用語も範囲も異なり、厳密な比較ではないものの、これらのなかではもっとも近似する組織と考えられ、参考にその結果を見てみよう（4－1）。この結果からは、概略的に日本の特徴を指摘できそうだ。

まず、二〇一七年から二二年の間に実施された第七回調査では（日本は二〇一九年に一八歳

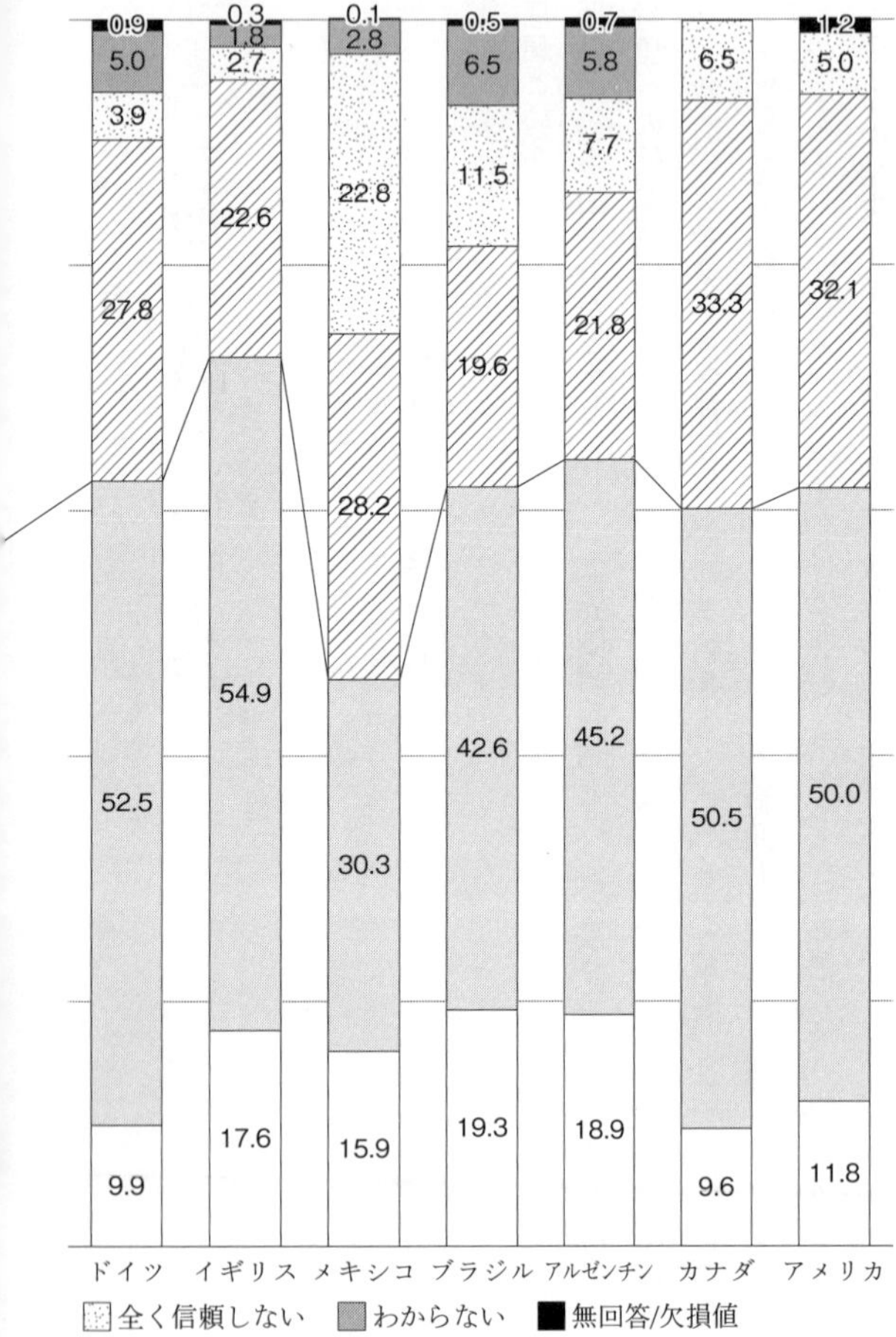

wvs.jsp，2017～22年実施）より筆者作成

4-1　慈善団体への信頼，2017～22年

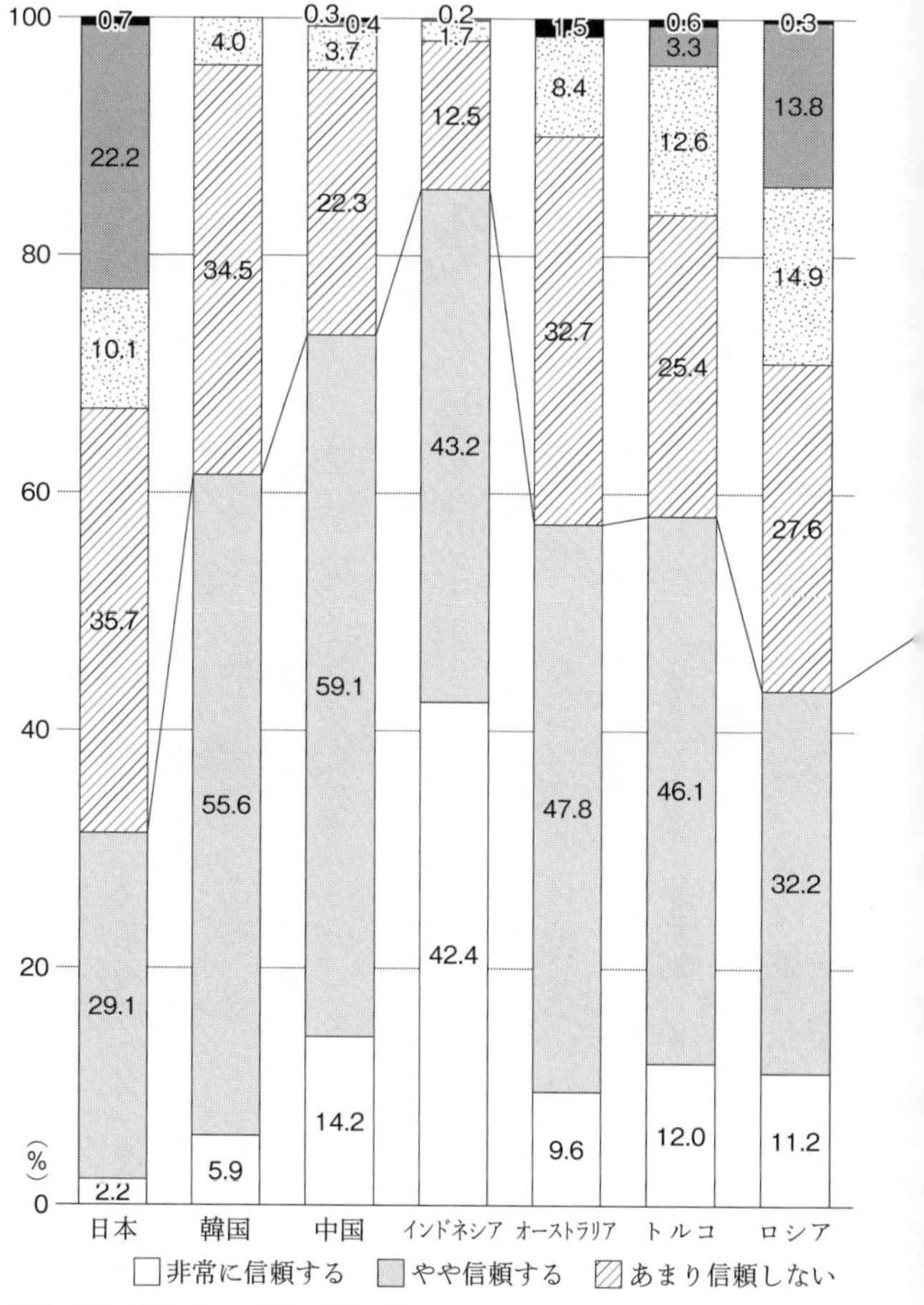

註記：G20のうちデータがある国を抜粋した
出典：World Values Survey『世界価値観調査』（https://www.worldvaluessurvey.org/

以上の男女を対象に一三五三人が回答）、慈善団体への信頼について、日本は三一・三％が「信頼できる」（「非常に」と「やや」の合計、以下同様）という結果である。参考として、環境保護団体は四四・一％、女性団体は三五・二％である。また、慈善団体を「非常に信頼する」だけで見ると二・二％と、調査対象国のなかでもっとも低い。逆に、アメリカ（六一・八％）、イギリス（七二・五％）、オーストラリア（五七・四％）、カナダ（六〇・一％）、ドイツ（六二・四％）、中国（七三・三％）、韓国（六一・五％）では、半数以上が「信頼できる」としている。

この結果を政府や大企業と比較すると、日本では、政府を三九・九％が信頼し、アメリカ（三三・四％）、イギリス（二四・一％）、オーストラリア（三〇・三％）よりも高いものの、ドイツ（四四・二％）やカナダ（四六・一％）よりは低い。むしろ、日本社会で信頼が高いのは大企業で（四七・四％）、アメリカ（三一・二％）、イギリス（三七・〇％）、オーストラリア（三五・八％）、カナダ（三七・五％）より、総じて高くなっている。

これら三つの比較では、慈善団体に対する信頼がもっとも低いのが日本の特徴と言える。

なお、第六回調査（日本は二〇一〇年に実施）との比較では、日本で慈善団体を信頼できるとした層は二〇・二％である。これに比べれば、一〇年ほどの間で信頼が高まったとは言えそうではあるが、逆に二〇一〇年時点では相当低かったとも言える結果だ。

日本は、どの対象についても信頼層が半数以下であり、社会一般への「一般的信頼」が必ずしも高くない可能性はある。ただ、社会調査論の松本渉らが行った別の比較調査からボランティアに関する日米韓の違いを見ると、アメリカは日韓よりもボランティアを尊敬する人が多く、初対面でも信頼できると考え、日本では、何か偽善的に感じる人がアメリカよりも多いとの結果もある。やはり国による違いはありそうだ。

ただ、もう一つ目を向けておきたい結果がある。それは、先の世界価値観調査で「わからない」とする人が二二・二％存在している点だ。これは、調査対象国のなかでその値がもっとも高いエジプト（二二・三％）と同程度で、他国に比べても突出している。「わからない」にはさまざまな含意があるが、つまりは判断のつかないケースが多いということだ。

たとえば、二〇一八年度の「NPO法人に関する世論調査」（内閣府、全国一八歳以上三〇〇〇人対象）では、NPOについて「知っている」とした人は全体の八九・二％と高いものの、その内訳は「よく知っている」（二一・七％）、「言葉だけは知っている」（六七・五％）であり、つまり「名前くらいは聞いたことがあるが、内実はよく知らない」とでも言える層が、実は非常に多い。認知度は時代の移り変わりにより醸成されるものとはいえ、「わからない」「言葉くらいは聞いたことがある」人が多いことには、日本のNPOの置かれている現状が端的に表れているようだ。

つまり、信頼する・しない以前の問題として、日本におけるNPOとは「聞いたことはあるが、なんだかよくわからない」存在なのだ。

向社会的行動の意識

一方、日本は社会貢献に関する意識自体が決して低いわけでもない。

一九七四年から実施されている内閣府の「社会意識に関する世論調査」（全国一八歳以上三〇〇〇人対象、二〇二三年実施）を見ると、「何か社会のために役立ちたいと思っていますか」という質問に対し、「思っている」人は六四・三％である。調査方法の違いがあり単純な比較はできないものの、一九七四年の三五・四％、八九年の五五・二％、二〇〇四年の五九・一％、一九年の六三・六％と、増加傾向が推察される（4－2）。

その実現方法も、「自分の職業を通じて」（四一・一％）がもっとも多いが、次いで多いのが「自然・環境保護に関する活動」（三五・二％）や「社会福祉に関する活動」（三一・八％）、「防災や災害援助活動」（二四・一％）であり、何らかの社会参加活動を志向する人が一定数存在している。

別の調査から、子どもや若者に限って見てみよう。

一〇歳から一四歳では、同様の質問に対し「そう思う」（四二・九％）、「どちらかといえ

4－2　社会への貢献意識（質問／日頃，社会の一員として，何か社会のために役立ちたいと思っていますか），1974～2022年

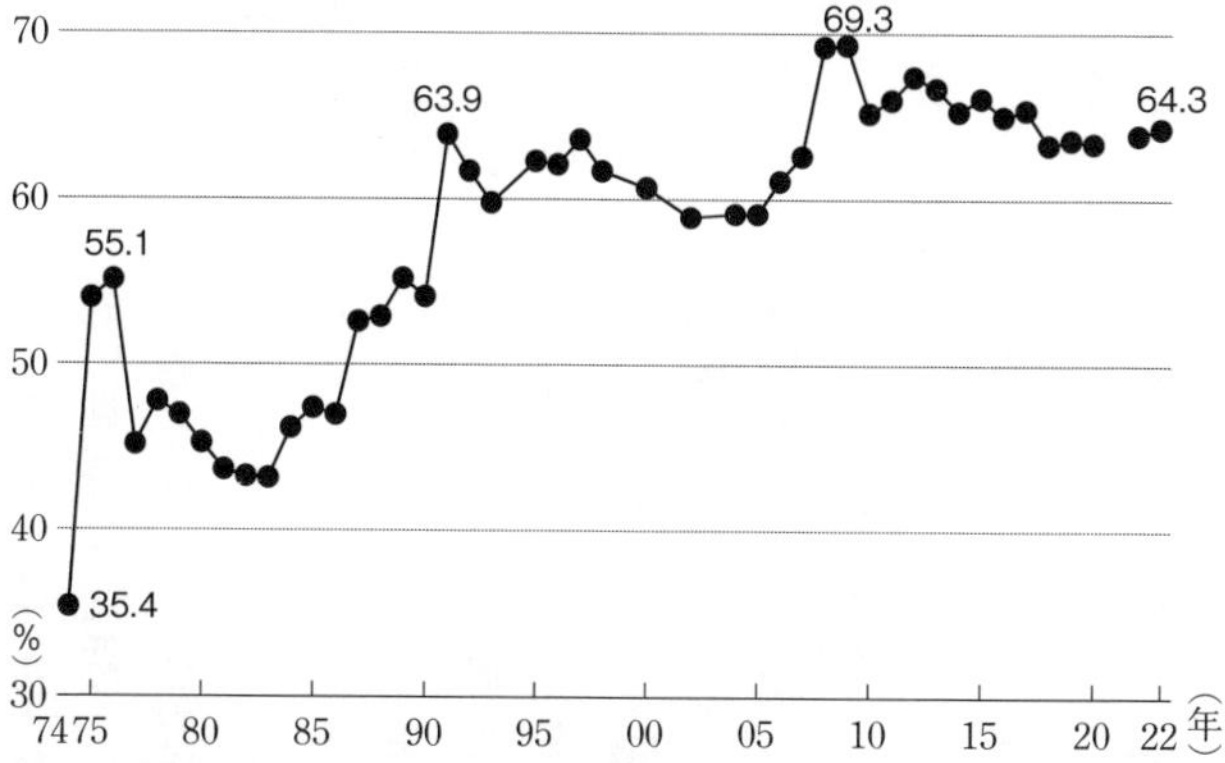

註記：2020年調査までは，調査員による個別面接聴取法で実施．それ以降は郵送法による調査のため単純比較は行えない
出典：内閣府『社会意識に関する世論調査』（各年度）より筆者作成

ばそう思う」（四五・三％）と、九割弱（八八・二％）が、「何か社会の役に立ちたい」と考えている（内閣府「こども・若者の意識と生活に関する調査」、一〇～三九歳の二万人対象、二〇二二年度）。また、「大人になったとき、どのようになっていると思いますか」と将来の自己像を尋ねた結果、「お金持ちになっている」（四六・一％）よりも、「多くの人に役立っている」（六〇・二％）の方が多い。

一五歳から三九歳では、「社会のために役立つことをしたいと思いますか」について、「そう思う」（三三・五％）、「どちらかといえばそう思う」（四九・四％）と、およそ八割（八二・九％）の人が、「そう思う」と考える。ただ、「二〇年後、

どのようになっていると思いますか」は、「多くの人の役に立っている」自分を思い描く層は三七・三%と、若い世代よりは低くなり、年齢が上がるにつれ減じる傾向がある。

これに先立って実施された別の調査では、一〇歳から一五歳を対象に「ボランティア活動」への関心も尋ねている。興味が「ある」(二九・六%)と「どちらかといえばある」(三四・七%)で、全体の半数以上(五四・三%)になる(内閣府『子供・若者総合調査』の実施に向けた調査研究」、全国一〇~一五歳の三六〇〇人対象、二〇二一年度)。

最後に、内閣府「市民の社会貢献に関する実態調査」(全国二〇歳以上の八二〇〇人対象、二〇二二年度)では、NPO法人に「関心がある」人は三七・〇%である。過去の同調査ではボランティア活動への関心の有無も尋ねており、二〇一三年度は五八・三%、一四年度は六二・三%、一五年度は五九・六%と、一定割合の関心層がいることがわかる。

以上の結果は、対象や時期も異なるため単純比較はできない。また、社会の役に立つこと、ボランティアへの関心、NPO法人への関心にもレベルの違いがある。次に見るように、関心の高さと、実際の行動との間には見過ごせない乖離《かいり》もある。さらに、社会の成員全員がおしなべて「社会のために何かしたい」と思うことも考えづらく、何をもって高いと言えるかも議論のあるところだろう。

ただ、決して少なくない人びとが、社会や他者のための援助となる「向社会的行動」に関心を持っているとは言えそうだ。

実際にどれだけ行動しているのか

では、向社会的行動に関心を持つなかで、実際にはどれだけの人が行動しているのだろう。ボランティアなどの社会参加活動や寄付の経験がどの程度あるのかを見てみよう。

まず、日本のボランティアの参加率の推移は、一九七六年から五年ごとに実施される基幹統計である「社会生活基本調査」からわかる。この調査では、二〇〇一年より「ボランティア活動」の一年間の参加経験（行動者率）を尋ねている（それ以前は、一九七六年から奉仕的活動や社会的活動として尋ねている）。

これによれば、一九九六年（二五・三％）、二〇〇一年（二八・九％）、〇六年（二六・二％）、一一年（二六・三％）、一六年（二六・〇％）、二一年（一七・八％）であり、二〇一六年までは大きな変動はない（4－3）。

つまり、概ね四人に一人程度の参加がある。少なくとも、ごく特殊な人の特別な活動とは言えないことを示す結果だろう。

なお、二〇二一年度で全体的に下がっているのは、厳しい行動制限のあった新型コロナウイルス感染症の影響によるものだと推察できる。逆に言えば、ボランティア活動がいかに人

別，年齢別）

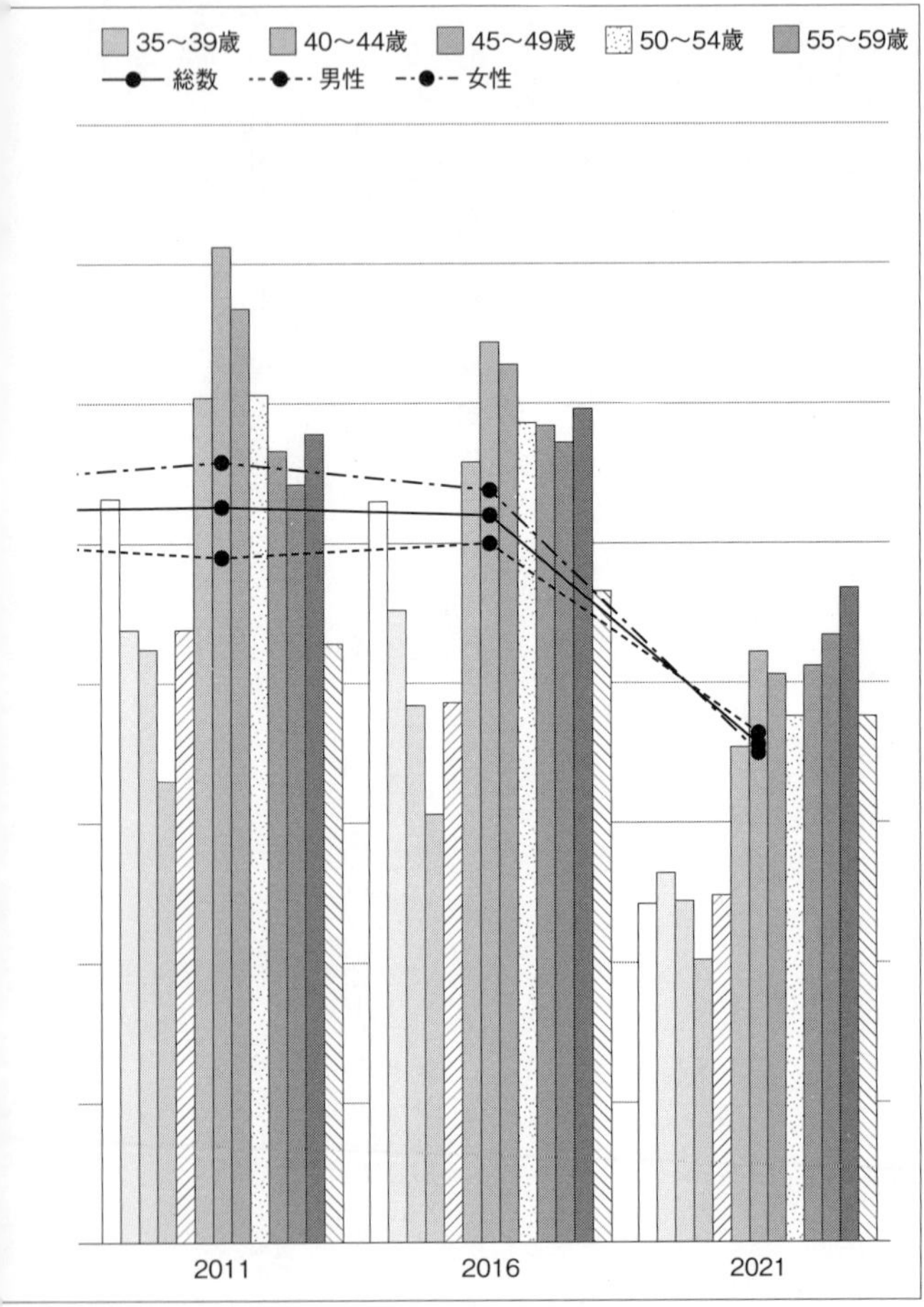

4-3　1年間におけるボランティア活動参加経験の推移（総数，性

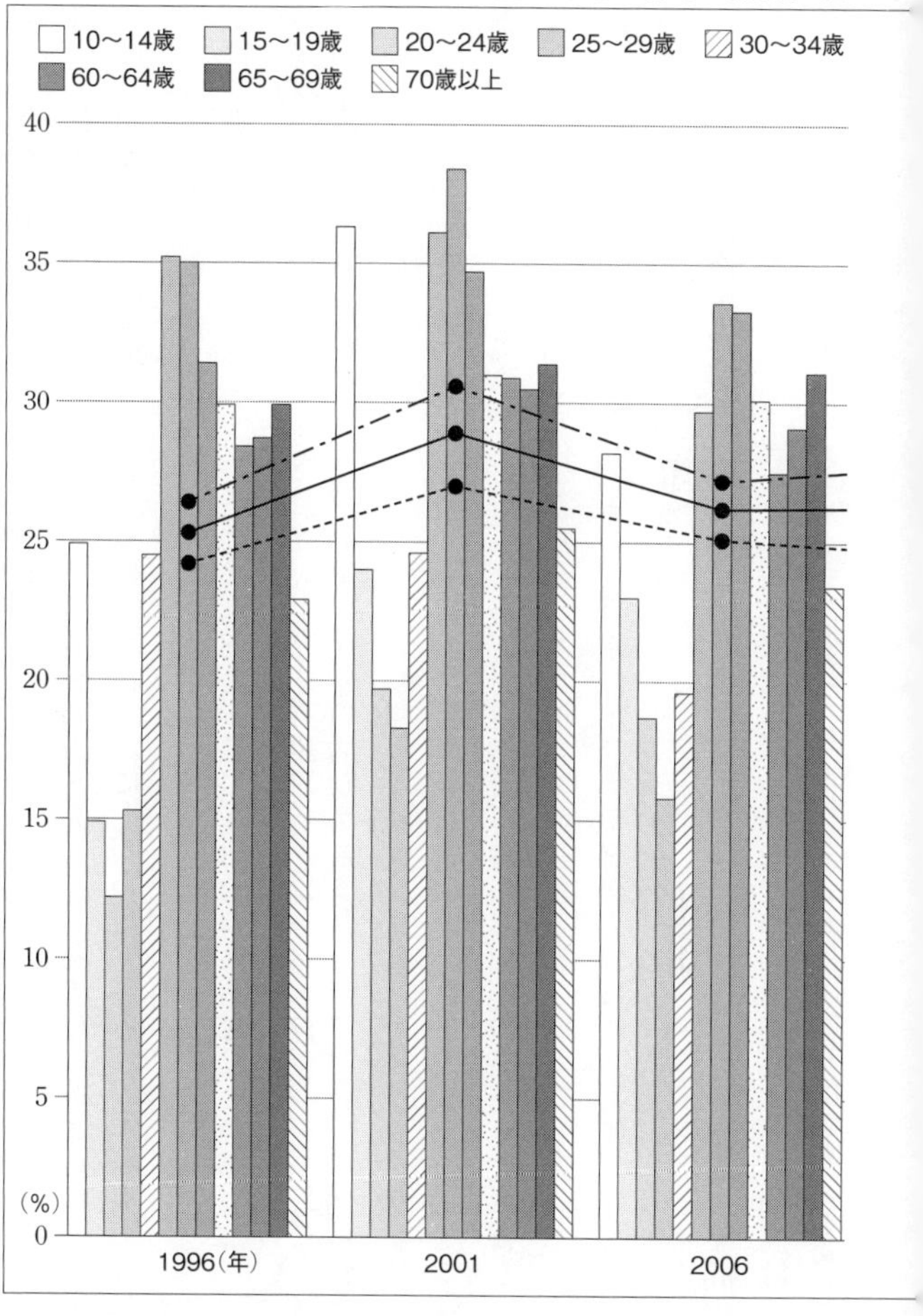

出典：総務省統計局『令和3年社会生活基本調査結果』および各年度より筆者作成

との対面接触を必要とするものかを裏側から示す結果とも言えるだろう。

また、属性で見ると、総じて女性の行動者率の方が高いが、その差は縮まる傾向にあり、二〇二一年度調査では男性の行動者率の方がわずかに上回った。さらに、年齢別では二〇歳代の参加率が低く、三〇歳代後半（三五歳以降）で高くなる。

ただ、調査では、ボランティア活動に町内会やPTA活動の世話などを含めており、これが一般的なボランティアのイメージかどうかは判断の分かれるところだろう。三〇歳代後半から四〇歳代の行動者率の高さは、PTAなどの活動が含まれていることも考えられる。この解釈は注意が必要だ。

ただ一方で、企業内でボランティア活動への参加を推進し、それを人事評価制度に取り入れるケースも増えている。こうしたことが、男性や若年層の参加率の高まりに影響していることも考えられる。今後、このようなケースも増えていくだろう。

以上の行動者率から単純推計すると、日本のボランティア人口は、二〇一六年で二九四三万八〇〇〇人（コロナ禍で特別な状況と考えられる二〇二一年は二〇〇五万六〇〇〇人）となる。

また、先述の「市民の社会貢献に関する実態調査」によれば、二〇二一年の一年間のボランティア活動経験者は一七・四％との結果もある。高齢層で参加率が高くなる傾向はこの結果も同様だ（二〇一九年度一七・〇％、一六年度一七・四％。一五年度以前は過去三年間の活動率を聞いており二三・三％、一四年度二六・八％。

　また、参加理由（複数回答）は「社会の役に立ちたいと思ったから」（五九・一％）、「自己啓発や自らの成長につながると考えるため」（三四・三％）、「自分や家族が関係している活動への支援」（二五・四％）、「職場の取り組みの一環として」と「知人や同僚等からの勧め」（それぞれ一一・四％）であり、自己成長を理由にする人や、周囲の人を介した参加が一定数いることがわかる。

　寄付経験については、二〇二一年の一年間で「ある」人は三五・三％（二〇一九年度は四一・三％）で、年代と年収が上の方で割合が高くなる。

　寄付額は一万円以上が三九・七％、寄付先は、多い所で共同募金会、日本赤十字社、町内会・自治会といった以前からの馴染みの寄付先で、これにふるさと納税が加わる。これらが自発的支援と言えるかは意見の分かれるところだろう。そして、ＮＰＯ法人への寄付がこれに続く（一六・〇％）。

　ボランティアや寄付などの向社会的行動の要因については、収入などの社会階層の効果や、利他的な共感によるもの、宗教的態度、教育の効果など、さまざまな指摘がなされてきた。このうち、教育水準との相関は比較的どの社会でも観察される傾向であり、社会階層については、都市社会学者の鈴木広が行った、高階層と低階層で援助的な行動を行う人が多いＫパターンを描く分析がよく知られる。これに対し、高階層ほど参加率が高くなるという分析や、逆に低階層で相互扶助的な行動が観察されるという分析などもある。

そのなかでもある程度共通していることは、学歴を除く収入などの社会経済的資源が活動参加に与える影響は小さくなりつつあることだ。さらに、社会学者の三谷はるよは『ボランティアを生みだすもの』(二〇一六)で、こうした資源以上に、大人の振る舞いや教育などの社会環境で、共感性やおかげさまの気持ちのような宗教的態度が培われることが重要だと指摘する。

人を自発的な支援や参加に向かわせるのは、属性ではなく、社会環境なのである。

2 日本での規模と活動分野

規模感

NPO全体の規模を正確に知るのは案外難しい。第1章で述べたように、NPOの捉え方にさまざまな考え方があるからで、それ自体が研究テーマになるほどだ。

何を含め、何を含めないかを確定するのは社会調査の基本だが、NPOはそれが難しい。法人組織は、制度が変わればその範疇もまた変わる。自発的に活動する任意団体は、必ずど

4－4　NPO法人数の推移，1998～2023年

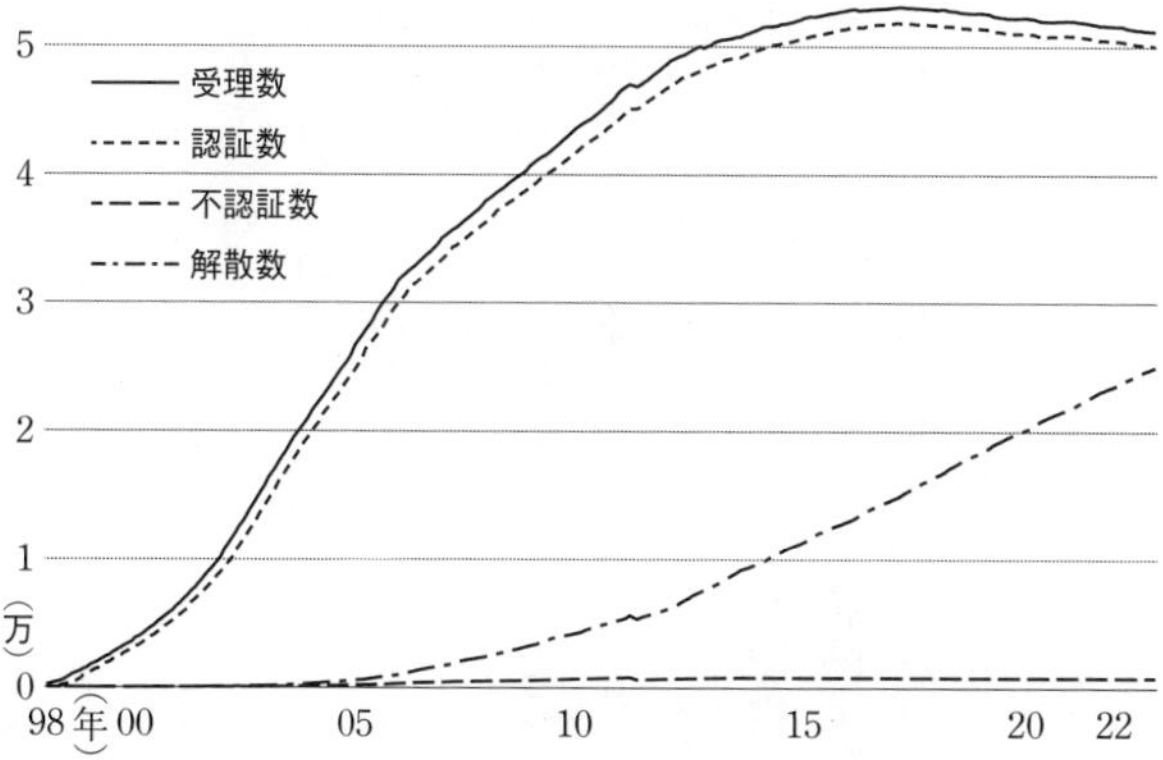

出典：内閣府「NPOホームページ」（https://www.npo-homepage.go.jp）より筆者作成

こかに登録しているとは限らないため、正確な数字を把握するのはなかなかに難しい。以下に示すデータは、個々に可能な範囲で、一つの規模感として推し量っていこうとするものだ。

まず、日本社会で最狭義にNPOと言う場合、法人格を持つ「NPO法人」を指すことが多く、その場合の規模は明確だ。

4－4はこの数の推移を見たものだ。認証数の累計は二〇一五年以降五万法人程度で推移し、NPO法施行からおよそ四半世紀でこの規模となった。このうち公益性の基準を満たす「認定NPO法人」は、一二八四法人（二〇二四年三月一〇日現在）である。基準の厳しさもあり緩やかだが増加傾向にある。

公益法人改革後に新しい制度となった公益

法人数は、公益社団法人は四一七一、公益財団法人は五五〇一で、計九六七二法人である（二〇二三年一二月現在）。この改革により、旧公益法人二万四三一七法人のうち、新たな制度の公益法人となったのが九〇五〇法人で、残りは後述の一般法人（一万一六七九法人）へ移行している。

旧公益法人のうち、総支出の五〇％以上で公益事業を行っていた組織は約四割で、それを踏まえると、この改革によって公益活動を行う法人が減少したとは言えないようだ（内閣府二〇一四）。

参考として、一般法人については、一般社団法人は八万四七〇八法人、一般財団法人は八三三四法人である（二〇二四年三月一〇日現在）。一般法人にはさまざまな趣旨・目的を持つ組織が含まれ、必ずしも公益性を目的とする必要はないが、もちろん公益的な活動を行う組織も多く含まれる。しかし、登記のみで設立できる一般社団法人は、所轄庁がなく整備されたデータも乏しいため、その活動実態を十分に把握することは難しい。

一方、より規模の把握が難しいのは任意で活動しているボランティア団体や市民団体だ。これらはさまざまな分野や形態で活動を行うこともあり、統一的で正確な把握は困難だ。

一つのデータとして、全国社会福祉協議会（全社協）が各地のボランティアセンターを通して把握している数値がある（一三二、三頁、4－5）。福祉分野への偏《かたよ》りが考えられるものの、日頃の活動のつながりから地域で活動する団体の捕捉率は高いと考えられる。これによれば、二〇二三年四月現在で団体数は一八万九三八七で、把握されているボランティア人口はこれらの団体所属を合わせて六一二万六八一七人である（全社協 全国ボランティア・市民活動振興センターまとめ）。

なお、広義のNPOである他の非営利法人の概略を述べると、社会福祉法人は約二万一〇〇〇、学校法人（私立学校）は七六〇〇法人強ある。消費生活協同組合（生協）は、九〇六組合（組合員数延べ約六九〇〇万人、いずれも厚労省調査への回答数）で、地域生協が半分近くを占める。こうした場では、購買以外に介護事業や福祉活動、子育て支援や居場所の提供、文化活動などを行うケースもある。ワーカーズ・コレクティブやワーカーズ・コープと言われる労働者協同組合は七六法人である（二〇二四年三月時点）。

寄付の規模も見ておこう。寄付額の全体規模は『寄付白書』（日本ファンドレイジング協会、二〇二二）の推計がある。それによれば、個人寄付は一兆二一二六億円だ。このうち、共同募金会や日本赤十字社、町内会・自治会、政治献金、宗教関係など（二七七三億円）と、ふるさと納税六七二五億円を除くと二六二八億円である。法人寄付は六七二九億円（二〇一九年度）である。ふるさと納税などの分を除くと、個人と法人で合計一兆円近い寄付となることがわかる。

05年	123,926	7,009,543	376,085	7,385,628
06年	123,232	7,211,061	702,593	7,913,654
07年	146,738	7,585,348	742,322	8,327,670
09年	170,284	6,687,611	616,478	7,304,089
10年	173,052	7,414,791	1,104,600	8,519,391
11年	198,796	7,495,950	1,182,846	8,678,796
12年	205,296	6,646,619	1,220,002	7,866,621
13年	210,936	6,542,850	1,066,637	7,609,487
14年	269,964	6,184,493	1,003,195	7,187,688
15年	269,588	6,121,912	985,642	7,107,554
16年	186,294	6,114,907	931,661	7,046,568
17年	193,608	6,120,253	948,150	7,068,403
18年	177,028	6,562,382	1,116,317	7,678,699
19年	168,625	6,934,180	1,002,242	7,936,422
20年	169,641	6,771,819	944,865	7,716,684
21年	170,883	5,593,360	748,833	6,342,193
22年	175,046	5,916,408	761,267	6,677,675
23年	189,387	5,359,774	767,043	6,126,817

註記：調査時期は基本的に各年４月．ただし1988，89年は９月，91～96年は３月．2006，07年は10月
出典：全国社会福祉協議会 全国ボランティア・市民活動振興センター調べを基に筆者作成

NPO法人の推移と傾向

ここからはNPO法人・認定NPO法人に対象を絞り、その推移や傾向について見ていこう。

推移については、NPO法成立から二〇一八年まで、およそ二〇年にわたり一貫した増加傾向があり、二〇〇〇年代に入りしばらく急増したことがわかる。特に二〇〇一年頃から〇六年頃にかけての申請数が多く、仮にNPOブームなるものがあったとすれば、数の上ではこの時期になるだろう。

先述の4－4はこの推移を示している。認証数の累計で二〇一五

4－5　ボランティア数の推移，1980～2023年

調査時期	ボランティア団体数（A）	団体所属人数（B）	個人人数（C）	ボランティア総人数（B）＋（C）
80年	16,162	1,552,577	50,875	1,603,452
84年	24,658	2,411,588	144,020	2,555,608
85年	28,462	2,699,725	119,749	2,819,474
86年	28,636	2,728,409	147,403	2,875,812
87年	32,871	2,705,995	182,290	2,888,285
88年	43,620	3,221,253	164,542	3,385,795
89年	46,928	3,787,802	114,138	3,901,940
91年	48,787	4,007,768	102,862	4,110,630
92年	53,069	4,148,941	126,682	4,275,623
93年	56,100	4,530,032	159,349	4,689,381
94年	60,738	4,823,261	174,235	4,997,496
95年	63,406	4,801,118	249,987	5,051,105
96年	69,281	5,033,045	280,501	5,313,546
97年	79,025	5,121,169	336,742	5,457,911
98年	83,416	5,877,770	341,149	6,218,919
99年	90,689	6,593,967	364,504	6,958,471
00年	95,741	6,758,381	362,569	7,120,950
01年	97,648	6,833,719	385,428	7,219,147
02年	101,972	7,028,923	367,694	7,396,617
03年	118,820	7,406,247	385,365	7,791,612
04年	123,300	7,407,379	386,588	7,793,967

年三月末には五万を超え、一八年三月末の五万一八六六をピークに、以降五万程に減少しながら推移している。

一貫して増加傾向にあったNPO法人数が、その後頭打ちとなり、減少トレンドを示していることにはさまざまな見方がある。その一つに、法人形態が増えたことがあるだろう。公益社団・財団法人があり、一般社団法人も急増していることを踏まえれば、同様の組織活動の全体が縮小しているとも言いきれない。

ただ、休眠状態にある法人

やその解散の増加もある。解散については、認証数がピークに向かう時期（二〇一三年頃）からその数が多くなっている（4－4）。解散の事由は、「社員総会での決議」が約八割を占めるが、次いで多いのは「設立の認証の取り消し」で全体の約二割である。特に東京都では約三割と、都道府県平均や政令市平均より高い（4－6）。

また、不認証の多くは東京都で、他の都道府県・政令市での不認証はわずかだ。東京都は申請自体の多さもあるが、比率としても突出している。不認証とならざるを得ない申請が多いのか、受理する側の判断があるのか、どちらのケースもあるだろう。認定NPO法人についても「申請取り下げ」が東京都で突出して多く、全国の取り下げ数の約六割を占める。

第3章で述べたように、NPO法人の認証には設立要件があり、認定NPO法人もパブリック・サポート・テストのような基準がある。これらを満たしていない場合や欠格事由に該当する場合は、理由が明確であり厳正に対処されるべきだ。一方、申請時に所轄庁とのやり取りのなかで判断されるケースについての詳しい実態はわかっておらず、今後、所轄庁の運用についても明らかにしていく必要があるだろう。

地域別の比較（4－6）では、大都市圏で法人数が多くなっており、東京都がもっとも多い。ただし、法人数が相対的に少ない山梨県、鳥取県、徳島県、高知県、佐賀県などでも、人口比で見ると、一人あたりの法人数は他県に比べて少ないとは言えない（ただし、人口比

4－6　特定非営利活動法人の認証数（所轄庁別），2023年11月30日現在

所轄庁名	申請受理数（含申請中）	認証法人数	不認証数	解散数	（うち認証取消数）
北海道	1,230	1,226	0	512	146
青森県	406	406	0	168	6
岩手県	475	473	0	202	12
宮城県	402	399	0	193	3
秋田県	352	352	0	141	20
山形県	444	442	1	139	5
福島県	931	927	1	273	9
茨城県	861	860	0	354	58
栃木県	644	643	0	262	16
群馬県	814	812	1	441	103
埼玉県	1,747	1,740	3	839	64
千葉県	1,576	1,572	2	951	282
東京都	9,848	8,873	768	5,060	1,515
神奈川県	1,451	1,446	1	844	146
新潟県	463	461	2	190	18
富山県	397	396	0	116	5
石川県	373	371	1	158	10
福井県	244	244	0	116	4
山梨県	491	490	1	145	10
長野県	967	967	0	449	46
岐阜県	733	730	2	343	23
静岡県	683	681	1	362	82
愛知県	1,122	1,120	0	553	69
三重県	753	751	2	369	60
滋賀県	567	565	1	298	80
京都府	505	505	0	275	30
大阪府	1,764	1,759	4	1,062	187
兵庫県	1,391	1,380	3	761	117
奈良県	506	505	0	203	33
和歌山県	388	385	1	174	5
鳥取県	297	297	0	81	3
島根県	282	281	0	124	8
岡山県	469	467	1	216	30
広島県	416	412	3	294	33
山口県	417	413	1	213	58

徳島県	367	366	0	107	2
香川県	396	394	2	149	13
愛媛県	509	508	0	168	3
高知県	334	334	0	128	2
福岡県	808	798	1	583	130
佐賀県	385	383	1	147	7
長崎県	502	502	0	257	23
熊本県	434	432	2	189	7
大分県	448	444	1	315	95
宮崎県	440	440	0	211	74
鹿児島県	863	861	0	453	50
沖縄県	468	467	0	342	135
札幌市	903	901	0	442	182
仙台市	383	381	1	170	16
さいたま市	391	390	0	158	8
千葉市	381	380	1	172	60
横浜市	1,497	1,494	0	563	89
川崎市	353	351	0	144	14
相模原市	240	236	0	56	0
新潟市	258	257	0	96	4
静岡市	331	331	0	108	20
浜松市	231	230	0	110	28
名古屋市	872	863	0	345	63
京都市	829	819	0	324	25
大阪市	1,361	1,361	1	885	255
堺市	264	264	0	122	32
神戸市	748	742	1	376	81
岡山市	286	285	0	138	20
広島市	341	339	1	171	19
北九州市	298	294	0	150	64
福岡市	595	589	0	385	109
熊本市	296	295	0	161	15
指定都市計	10,858	10,802	5	5,076	1,104
全国計	51,221	50,082	812	25,006	4,941

註記：①申請受理数には，認証法人数，不認証数が含まれる．解散の場合には申請受理数，認証法人数ともに減算している．②定款変更による所轄庁の変更があった場合，申請受理数，認証法人数ともに新たな所轄庁の欄へ移動させている
出典：内閣府「NPOホームページ」（https://www.npo-homepage.go.jp，2024年1月10日アクセス）より筆者作成

で見ても東京都が一番多いことには変わりがない)。

活動分野(一三八頁、4-7)について、NPO法の定める二〇分野(複数回答)を見ると、「保健、医療又は福祉の増進を図る活動」がもっとも多い。次に「社会教育の推進を図る活動」「子どもの健全育成を図る活動」が多く、合わせてNPO法人全体の半数近く(保健医療福祉は六割近く)を占めている。NPOの主な活動領域が、人とかかわることが活動目的となるヒューマンサービス分野を中心に広がっていることがわかる。

次いで多いのが、「団体の運営又は活動に関する連絡、助言又は援助の活動」と「まちづくりの推進を図る活動」だ。これらも、人とかかわり、働きかけ、人びとの関係を構築する活動分野と言える。

なお、主な活動分野(単数回答)に限って見ても「保健、医療又は福祉の増進を図る活動」が全体の三分の一以上ともっとも多い(NPO法人の三八・一%、認定NPO法人の三四・〇%)。次いで多いのは「子どもの健全育成を図る活動」である。中心的に行う分野から見ても、ヒューマンサービス分野が多い(内閣府「令和2年度特定非営利活動法人に関する実態調査」、全国七三四七法人対象)。

NPOの特徴が出ているのが、この定款記載の活動分野が複数ある点だ。活動分野が一つだけなのは全体の一割程度で、三つ以上とする組織が全体の七割以上を占める。多くの組織

4－7　特定非営利活動法人の活動分野，2023年９月30日現在

号数	活動の種類	法人数
第１号	保健，医療又は福祉の増進を図る活動	29,636
第２号	社会教育の推進を図る活動	25,201
第３号	まちづくりの推進を図る活動	22,817
第４号	観光の振興を図る活動	3,553
第５号	農山漁村又は中山間地域の振興を図る活動	3,055
第６号	学術，文化，芸術又はスポーツの振興を図る活動	18,530
第７号	環境の保全を図る活動	13,245
第８号	災害救援活動	4,378
第９号	地域安全活動	6,439
第10号	人権の擁護又は平和の活動の推進を図る活動	9,168
第11号	国際協力の活動	9,285
第12号	男女共同参画社会の形成の促進を図る活動	4,953
第13号	子どもの健全育成を図る活動	25,116
第14号	情報化社会の発展を図る活動	5,622
第15号	科学技術の振興を図る活動	2,829
第16号	経済活動の活性化を図る活動	9,028
第17号	職業能力の開発又は雇用機会の拡充を支援する活動	13,082
第18号	消費者の保護を図る活動	2,886
第19号	前各号に掲げる活動を行う団体の運営又は活動に関する連絡，助言又は援助の活動	24,119
第20号	前各号で掲げる活動に準ずる活動として都道府県又は指定都市の条例で定める活動	335

註記：①１つの法人が複数の活動分野にまたがる場合があるため，NPO法人の全数とは一致しない．②第14号～第18号までは，2002年改正特定非営利活動促進法〔2002年法律第173号〕施行日〔2003年５月１日〕以降に申請して認証された分のみが対象．③第４号，第５号及び第20号は，2011年改正特定非営利活動促進法〔2011年法律第70号〕施行日〔2012年４月１日〕以降に申請して認証された分のみが対象

出典：内閣府「NPOホームページ」（https://www.npo-homepage.go.jp）より筆者作成

が、分野を越境して活動している、もしくは活動しようとしていることがわかる。

ＮＰＯ法人と認定ＮＰＯ法人とで分布が異なる面もある。

認定ＮＰＯ法人が相対的に多い分野は、「子どもの健全育成を図る活動」（ＮＰＯ法人一

三・三%、認定NPO法人一四・七%)、「環境の保全を図る活動」(それぞれ七・〇%、九・〇%)、「国際協力の活動」(同一・九%、八・六%)、「団体の運営又は活動に関する連絡、助言又は援助の活動」(同一・五%、四・九%)などである(内閣府「令和2年度特定非営利活動法人に関する実態調査」)。認定NPO法人となる要件の一つが寄付の大きさであり、また直接的な対価を得ることが難しい活動も多く、支えが集まっている分野(寄付控除を得ている分野)とも言える。組織の財政構造の違いは後述しよう。

3　組織運営と財政

NPO法人と認定NPO法人の大きな違い

NPOの組織活動の実態はどのようなものだろうか。

繰り返し述べるように、NPOの特徴は多様性にあるため、それを「一つの組織像」として描くのは困難であるばかりか、平均的な値でミスリードする問題もある。このことに注意しながら、組織の実態に迫ることにしよう。また、NPO法人と認定NPO法人の大きな違いは、組織規模と財政構造に表れる。この比較も行いながら見てみよう(以下、特記しない限り、内閣府「令和2年度特定非営利活動法人に関する実態調査」に基づく)。

まず組織の規模から見ていこう。

ＮＰＯ法上の社員である個人会員数の中央値は、ＮＰＯ法人（グラフ中では認証法人と記載）の一三人に対し認定ＮＰＯ法人（同、認定・特例認定法人）は三三人である。賛助会員などの社員以外の参加者では、ＮＰＯ法人の四人に対し認定ＮＰＯ法人の五七人と違いがある。同様に、役員数（中央値）は、ＮＰＯ法人六人、認定ＮＰＯ法人一〇人、役員以外の職員数（中央値）は、ＮＰＯ法人三人、認定ＮＰＯ法人六人である。職員数については分散が大きい。常勤・非常勤を問わず雇用する人数は、認定ＮＰＯ法人の場合で一人以下が二一・七％ある一方、二一人以上も一八・二％である。

ボランティアの参加についても、分散が大きく典型的なイメージは描きづらいが、ＮＰＯ法人が延べ（参加者数×活動日数）平均二五三・一人で、認定ＮＰＯ法人は五二七・〇人と、概ね二倍の違いがある。総じて、組織の規模や活動規模で認定ＮＰＯ法人の方が大きくなる傾向がある。４－８は以上を規模別分布にしたものだ。

こうした規模は財政構造に直接影響する。特定非営利活動に係る事業の経常収益（中央値）を見ると、ＮＰＯ法人三四八・九万円、認定ＮＰＯ法人二三五四・八万円と開きがある。

ただし、収入規模も分散が大きい。

ＮＰＯ法人では五〇〇万円以下が五四・八％と全体の半数以上を占めるが、五〇〇〇万円

4－8　NPO法人の人員規模

【役員数】

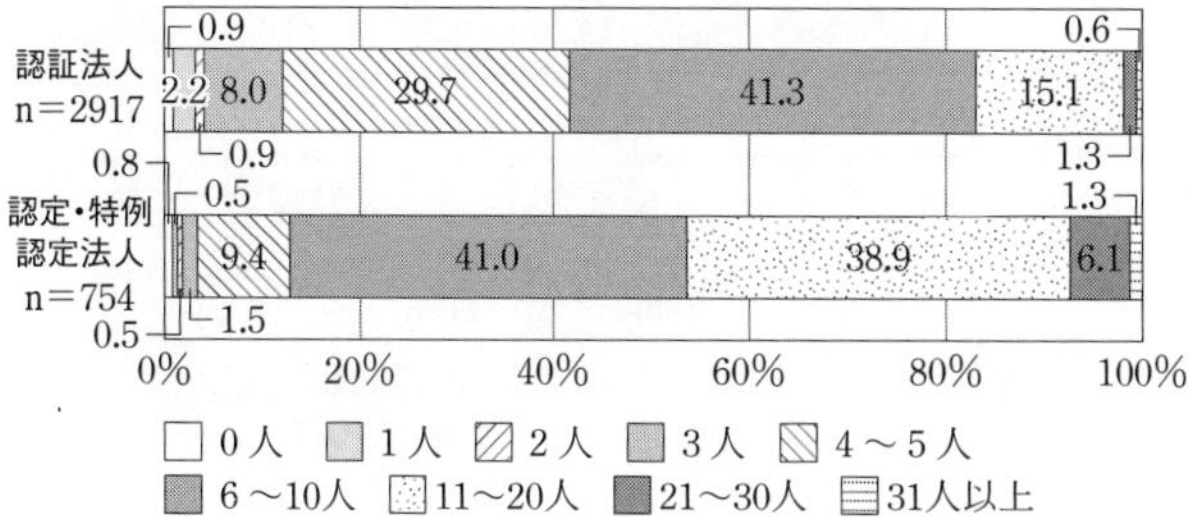

【職員数】

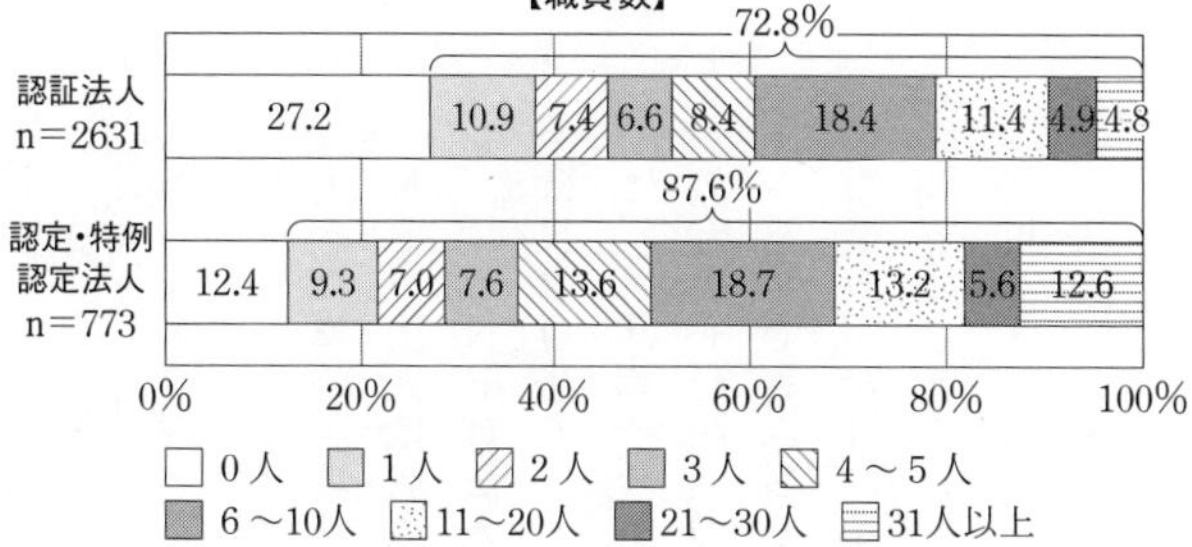

【ボランティア参加延べ人数】

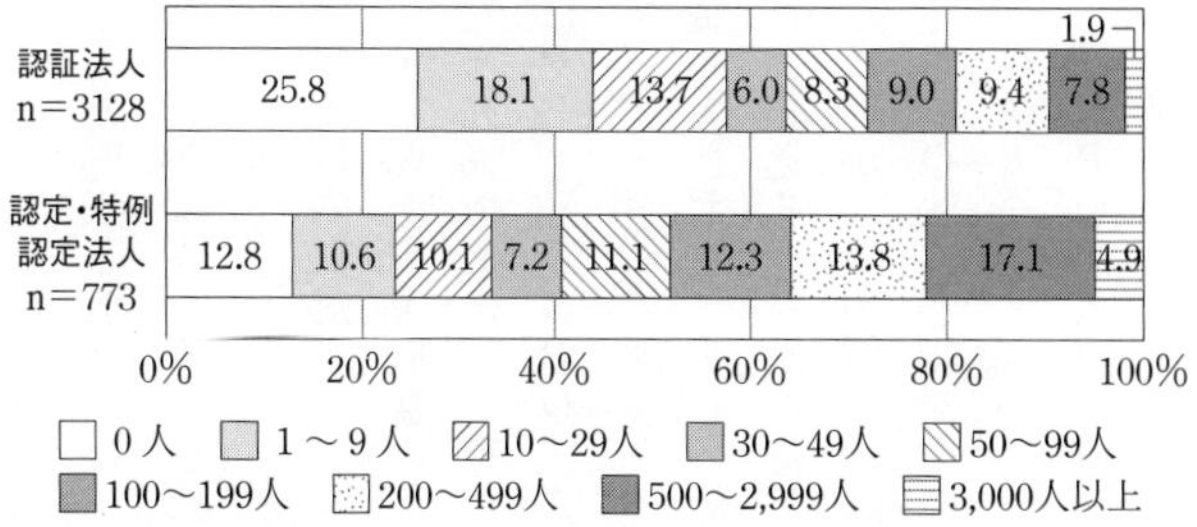

出典：内閣府『令和２年度 特定非営利活動法人に関する実態調査報告書』（2021年８月）より筆者作成

4-9　NPO法人の収益合計（特定非営利活動事業）

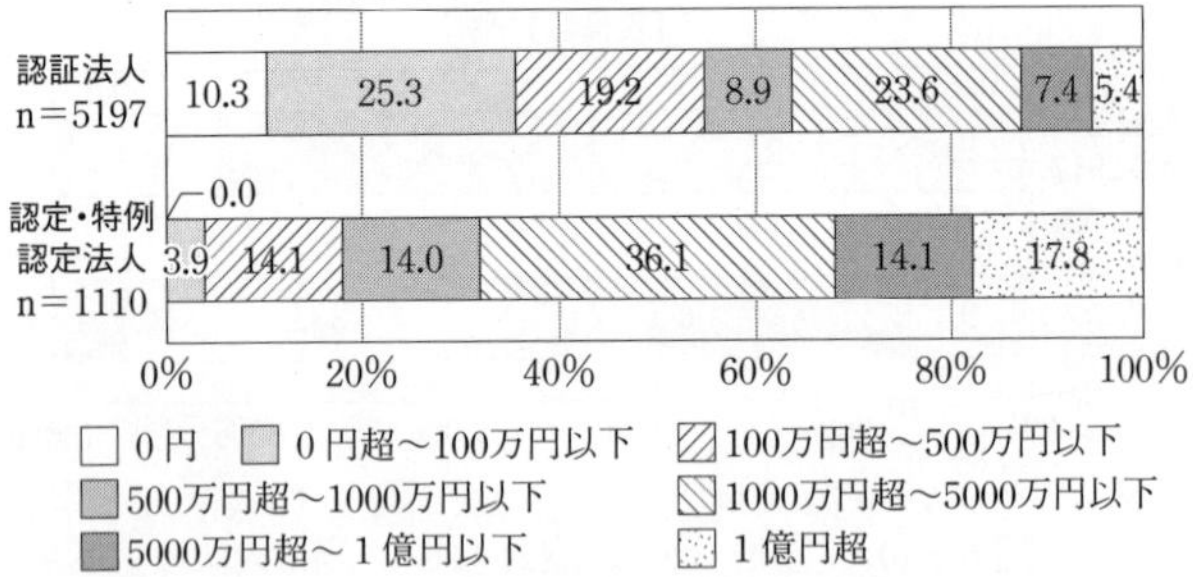

出典：内閣府『令和2年度 特定非営利活動法人に関する実態調査報告書』（2021年8月）より筆者作成

以上も一二・八%存在している。認定NPO法人では、五〇〇〇万円以上が三一・九%（一億円超は一七・八%）と全体の三分一近くを占めるが、五〇〇〇万円以下も一八・〇%存在している（4-9）。

　大きな違いが表れるのは収入の内訳だ。

NPO法人は収入の八三・一%が事業収益なのに対し、認定NPO法人は三七・九%である。一方、寄付金はNPO法人二・四%に対し、認定NPO法人は三二・二%を占めており、いずれも開きがある（4-10）。

　認定NPO法人の寄付金の大きさは、それ自体が認定の要件であるので当然だと言える。対価を得るなどの事業収益だけに頼るわけにいかない環境や国際協力、中間支援などの分野に認定NPO法人が相対的に多い。

　補助金・助成金は、NPO法人一〇・九%、認定NPO法人二六・一%である。NPO法人で一割程度、認定NPO法人でも四分の一程度の依存率である。

4－10　NPO法人の収益内訳（特定非営利活動事業）

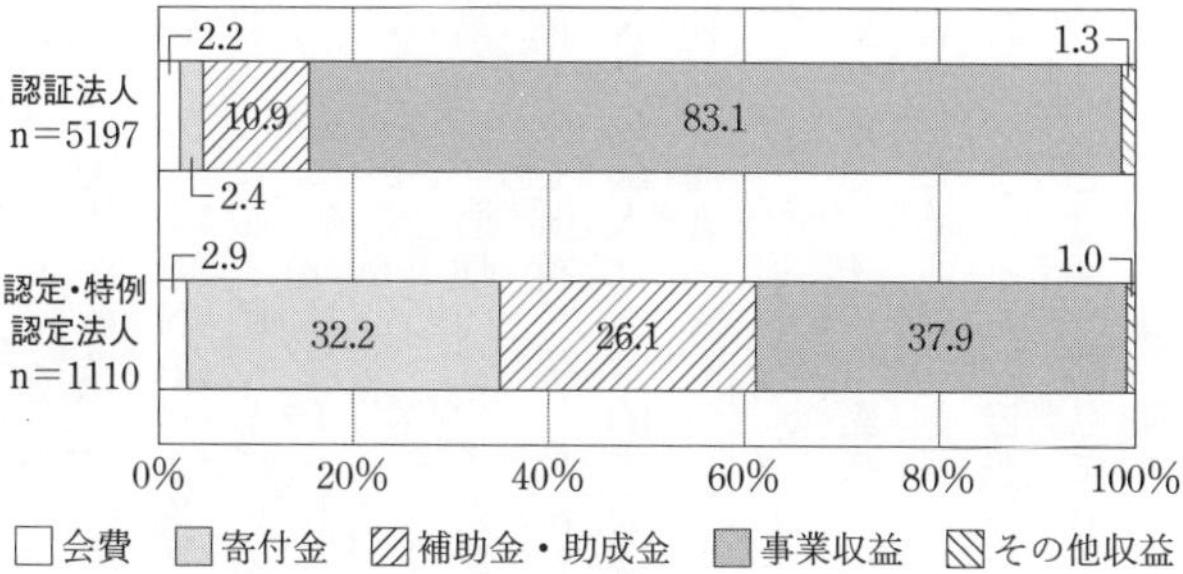

出典：内閣府『令和２年度 特定非営利活動法人に関する実態調査報告書』（2021年８月）より筆者作成

誰が収入を得ているのか？

雇用や人件費の実態はどうか。

ＮＰＯ法人は大きく役員と社員（正会員）で構成されるが、実際の組織運営に携わるのは役員と社員のなかでも運営スタッフだ。先述のとおり、役員数は、ＮＰＯ法人六人、認定ＮＰＯ法人一〇人で、うち役員報酬を得るのはＮＰＯ法人と認定ＮＰＯ法人ともに〇人（平均値では順に〇人と一人）である。多くの場合でＮＰＯの役員は無報酬でその役割を引き受けている。

組織運営を担うスタッフ（職員）は、常勤で有給の職員数（中央値）を見ると、ＮＰＯ法人で一人、認定ＮＰＯ法人は二人である（先述のとおり職員数はＮＰＯ法人三人、認定ＮＰＯ法人六人）。平均値では、ＮＰＯ法人四人、認定ＮＰＯ法人六人である。

最後に、有給職員全体の年間給料手当総額（中央値）

は、NPO法人二一〇・〇万円、認定NPO法人六一三・四万円である（4－11）。

以上の実態からは、二つのことを導くことができる。

第一に、もしNPOに抱く悪意あるイメージに、「NPOは公金を用いて活動を行い、その収入で私腹を肥やしている」というものがあるとすれば、多くのNPO法人の実態とは異なる。仮にこうしたイメージに依拠してNPO全体をアヤシイ組織と見なすのはまったくの誤りである。

第二に、活動内容や活動量によるものの、財政規模、財政構造、人件費のいずれを見ても、組織活動を維持するには決して十分とは言えないことである。

NPO法人は恒常的に公益的な活動を行うことを目的に設立されているが、多くの場合、それは参加者の持ち出しで成り立っている。この持ち出し部分を、単にアンペイドワーク（無償労働）とするのか、そもそも異なる別の意味や価値を持つのかは個々の事情を考える必要がある。そのうえで、仮に何かの犠牲の上に成り立っているのだとすれば、それは問題と言えるだろう。

為すべきことに対し誰かが自発的に行動を起こすことと、公益に資する活動をすべて無償で行うことは切り離して考えなくてはならず、仮に社会がそれを必要な意義ある活動と認めるのであれば、相応のコストを社会全体で負担すべきだろう。そうでないと、社会の側がN

4－11　NPO法人の人件費（組織あたり年間総額）

年間役員総報酬総額

役職員の実人数及び年間総人件費 役員	認証法人				
	有効回答数	中央値	平均値	最小値	最大値
	n	（万円）	（万円）	（万円）	（万円）
役員報酬を得る役員	1600	0.0	99.2	0.0	5800.0
常勤の役員報酬を得る役員	1464	0.0	101.5	0.0	5800.0

役職員の実人数及び年間総人件費 役員	認定・特例認定法人				
	有効回答数	中央値	平均値	最小値	最大値
	n	（万円）	（万円）	（万円）	（万円）
役員報酬を得る役員	489	0.0	120.2	0.0	2923.7
常勤の役員報酬を得る役員	454	0.0	123.4	0.0	2720.0

年間給料手当総額

役職員の実人数及び年間総人件費 役員以外の職員	認証法人				
	有効回答数	中央値	平均値	最小値	最大値
	n	（万円）	（万円）	（万円）	（万円）
有給職員	1930	210.0	1329.3	0.0	74400.0
常勤の有給職員	1787	200.0	998.5	0.0	60000.0

役職員の実人数及び年間総人件費 役員以外の職員	認定・特例認定法人				
	有効回答数	中央値	平均値	最小値	最大値
	n	（万円）	（万円）	（万円）	（万円）
有給職員	637	613.4	2459.8	0.0	58257.3
常勤の有給職員	561	494.2	1962.2	0.0	55390.6

出典：内閣府『令和２年度 特定非営利活動法人に関する実態調査報告書』（2021年８月）より筆者作成

POにただ乗りしていることになりかねない。

4 資源の不足と関係の稀薄化

活動の実態

ここまでは、NPO法人と認定NPO法人の違いを中心に組織構造を見た。ここからは、狭義のNPO全体に広げ、活動や運営の実際、活動する人びとの姿を掘り下げていこう。

任意団体を含む狭義のNPO全体を捉える難しさもあり、全国レベルのデータは限られている。そこで、本節では兵庫県のデータを見ることにしよう。この調査は、NPO法人と認定NPO法人の区別はないが、認定を含むNPO法人と任意団体（ボランティアグループ）を含み、市民の参加する組織活動の全体像がわかる。調査は一九八四年度から継続的に実施されている貴重なものだ（以下は、ひょうごボランタリープラザ「県民ボランタリー活動実態調査報告書」各年度による）。

なお、活動分野の分布は、兵庫県のNPO法人も全国同様にヒューマンサービス分野がもっとも多く、保健医療福祉、子ども、社会教育、まちづくりの合計は六二・〇％（全国六一・四％）である。設立年では一九九五年以前が五・三％（全国四・〇％）である。

まず、活動の内容は、「親睦・交流などの場を提供する」（五二・五％）がもっとも多く、次いで「サービスを提供したり、人材を派遣する」（三一・〇％）、「イベントやシンポジウム等を企画・開催する」（二六・三％）、「情報提供や、相談・アドバイスに応じる」（二五・五％）が続く。任意団体は親睦や交流などの場の提供が多い一方で、ＮＰＯ法人はサービス提供や相談・アドバイスが相対的に多い。

年間の活動回数については、二四回以上（月平均二回以上）がＮＰＯ法人で五九・二％なのに対し、任意団体は半数程度（五二・四％）が二三回以下である。サービス提供を行う団体の多いＮＰＯ法人と親睦交流を行う団体の多い任意団体の違いが出ていると言えそうだ。

活動地域は、発足時・現在ともに「一つの市町内」（それぞれ三六・四％、三五・〇％）がもっとも多いものの、発足時に比べて現在は「複数の市区町内」（同一六・〇％、二一・三％）、「県内全域」（同三・五％、四・三％）、「県域を越えた広域」（同三・八％、五・五％）がいずれも増加しており、活動の進展により地理的範囲が拡大する。任意団体は「一つの市町内」（三五・九％）が多い一方で、ＮＰＯ法人は「複数の市区町内」（三一・五％）がもっとも多く、活動範囲が任意団体に比べ広いと言える。

活動を行う場所についても法人格の有無による違いがある。任意団体は「公民館や福祉センターなどの公共施設」（五八・四％）が、ＮＰＯ法人は「専用の事務所・事務スペース」

（四二・四％）がもっとも多くなっている。

参加者のすがた――任意団体とNPO法人の違い

実際に活動する人びとについては、活動者が二〇人以下が全体の七割（七〇・七％）を占める。NPO法人は規模が大きくなる（二〇人以下が五一・七％）傾向があり、二一人から四〇人は二一・五％、四一人以上は二三・一％と、規模の多様性も高い。また、組織運営を担う人の数は、いずれも二〇人以下が九割以上を占めている。

活動の中心が「ほとんどが女性」とする団体が約六割（五八・九％）、「六五歳以上」とする団体が七割近く（六六・六％）で、女性と高齢者層の担い手が多くを占める実態がある。

ただし、NPO法人だけを見ると、「ほとんどが女性」とする団体は二七・一％で、「やや女性が多い」を加えても四七・七％と、概ね男女の割合が拮抗している。年齢層も、NPO法人では「六五歳以上」は三三・〇％、「五〇歳以上六四歳以下」が三一・七％、「五〇歳未満」が三〇・五％（うち三五歳未満が六・五％）で、各世代から幅広い参加がある。

なお、比較的若い世代の多い活動分野は「子ども」「社会教育」「文化・スポーツ」分野だ。このように、任意団体とNPO法人では参加構造が異なっており、NPOの活動者のイメージに「女性と高齢者が中心」があるとすれば、実態とは異なっている。

興味深いのは担い手の参加経路だ。「前からいる活動者の紹介」が約六割（六一・六％）と多く、いわゆる「口コミ」による参加が主流となっている（４－12）。サービス提供型の活動を行う場合、利用者が「前からいる利用者や活動者の紹介」（五三・三％）とする組織がもっとも多く、ここでも口コミの効果が確認できる。

ＮＰＯ法人については、シンポジウムやイベント、会報、ホームページやＳＮＳの効果もあるが、それでも全体として口コミが多いのが実態だ。担い手や利用者が増えるチャネルとして、一般の労働市場を介するのではなく、いかに日頃のネットワークが重要かを示唆する結果だ。

最後に、組織の代表者について見よう。

4－12　担い手の参加経路（％），2014，19年度

	14年度調査	19年度調査
前からいる活動者の紹介	72.8	61.6
気軽に参加できる内容や仕組みだったから	－	24.7
行政や社会福祉協議会（ボランティアセンターなど）からの紹介	23.7	18.2
貴グループ・団体の出すチラシ，会報などを通じて	15.4	15.6
シンポジウムやイベントを通じて	12.2	12.6
ほかのグループ，団体からの紹介	16.4	10.7
市町などの広報誌やマスコミなどでの紹介，案内	9.7	8.8
ホームページ，SNS，ブログ等の情報を通じて	5.8	5.3
NPO法人などの中間支援組織からの紹介	1.9	1.9
報酬や謝金が得られるから	－	1.4
企業や商店などからの紹介	1.0	0.3
その他	8.9	18.8

註記：①サンプル数は2014年度2515，19年度2478．複数回答あり．②「－」は質問項目がなかった
出典：ひょうごボランタリープラザ『第９回県民ボランタリー活動実態調査報告書』（2020年３月）より筆者作成

全体では「男性」が三五・五％、「女性」が六三・五％である。任意団体は「男性」三一・三％、「女性」六七・八％であるのに対し、ＮＰＯ法人では「男性」六二・〇％、「女性」三六・四％と、男女比がほぼ逆転している。

また、全体の七割強（七三・〇％）が六五歳以上で、その多くは「定年退職者・年金生活者」（三八・四％）や「家事従事者」（二八・五％）と考えられる。

ただし、ＮＰＯ法人は、任意団体と比べて四九歳以下が九・五ポイント高く、職業も「会社経営者、自営業」（二二・四％）や「貴グループ・団体の業務にもっぱら従事」（二〇・六％）も多くなるなど、働きながらの参加や、専従し働く場としてのＮＰＯとの姿を見出すことができる。

なお、代表者の就任期間は「一〇年以上」とする団体がもっとも多く、任意団体とＮＰＯ法人ともに全体の約三割を占めている。

活動の種類と資源

継続的に実施されてきた兵庫県の調査からは、その間の動向も知ることができる。

ここでは、二〇一四年度と一九年度のそれぞれの調査で尋ねている過去五年間の変化（二〇〇九年から一四年までと一五年から一九年までの変化）を取り上げよう。なお、二〇一九年度報告書では、阪神・淡路大震災からの二五年間を概観している。以下はそれを要約したものだ。一九八四年から二〇一四年までの三〇年間は『その後のボランティア元年』（二〇二〇）も参照して欲しい。

まず、活動の種類の増減を見よう。

活動の種類が「増えている」（二〇一四年度調査四二・八％、一九年度調査二八・七％）が、「減っている」（二〇一四年度調査一四・九％、一九年度調査九・八％）よりも大きく、この期間で活動の幅が拡がっていることがわかる。総支出額を見ても、増加を減少が上回っており、活動規模が大きくなっていることが推察できる。

活動の種類や量の面から拡大傾向が見られるが、前半の五年と後半の五年の変化を比較すると、総じて増加の割合が減っており、勢いは緩やかになっている（二〇一四年度調査では三六・二％が、一九年度調査では五二・五％が「変わらない」としている）。この背景は、NPO法人に対し任意団体で「増加」が減っている（二〇一九年度調査では、任意団体で活動者、利用者、収入の減少が増加を上回る）ことに加え、先述のとおり、NPO法人が急速に増加するブームの落ち着きもあるのだろう。

次に、活動のための資源に着目してみよう。

担い手（活動者）が「増えている」団体は、二〇一四年度調査の全体で二九・三％（NP

O法人四八・四％、任意団体二六・八％）、一九年度調査の全体で二一・八％（それぞれ三四・六％、一九・八％）であるのに対し、「減っている」団体は、二〇一四年度調査の全体で三七・四％（同二五・〇％、三九・一％）、一九年度調査の全体で四〇・二％（同三一・九％、四一・四％）となっている。増加よりも減少が上回るか、減少とする団体が増加傾向にあることがわかる。

同様に、寄付金収入の増減を見ると、いずれも減少の方が上回る（二〇一四年度調査：増加二三・一％、減少二九・八％、一九年度調査：増加一九・八％、減少二九・八％）。

つまり、活動の幅と量の拡大は、ニーズが増え社会的役割も高まっている現状を示すが、全体として見ると、それを担い、支える資源が逆に弱まっている状況がある。

活動への参加や寄付はいずれも自発的なものであることから、「自発的参加の減少傾向」とも言えそうだ。先述したような社会全体での関心や参加意向の増加傾向を考えれば、こうした意向を実際の活動に結びつけられていない現実があるとも言える。

ただ、こうした全体的な傾向のなか、寄付金は減少の方が多いものの、活動者数は、任意団体での減少が目立つ一方で、NPO法人はむしろ増加の方が多い。また、事業による収入やサービスの利用者も、任意団体の減少傾向に対し、NPO法人は増加傾向だ。この違いは、サービスを志向する「事業型」を多く含むNPO法人と、親睦や交流、居場所を志向する

「交流型」を多く含む任意団体との違いを示すものと考えられる。

解消しない課題の根深さ

二〇一九年度調査では、現状の課題や今後の方向性などについて、各団体がどのように考えているかを尋ねている。最後にこの点について触れておこう。

活動上の問題点や課題は、先述の動向を裏付けるように、「活動者の数が足りない」（四五・四％）がもっとも多い。以下「世代交代が遅れている」（四二・六％）、「活動者の能力向上が必要である」（二二・三％）と、担い手に関する項目が続く。特に、「活動者の数が足りない」（二〇一四年度調査三九・七％）と「世代交代が遅れている」（同三八・四％）については、その割合が増加しており、やはり担い手確保の問題が大きくなってきている。

実は、こうした資源の課題については、いつの時代のどの調査でも概ね一様に同じ結果を示している。つまり、ニーズに資源が追いつけない状態が続いている。

他の課題は、「活動に必要な資金が不足している」（二〇一四年度調査二四・一％→一九年度調査二〇・五％）は減少する一方で、「他の団体等との連携や協働が弱い」（同調査九・〇％→一二・九％）が若干増加する。

活動資金が大きな課題であること自体に変わりはないが、加えて、連携という「関係的な資源」が弱まっている可能性がある。先述のとおり、活動者の参加経路の多くが口コミを介する実態を踏まえれば、関係の減少は結果的に活動そのものにも影響してくるだろう。

今後の活動の方向性は、「現状を維持する」が全体の約七割（六八・〇％）ともっとも多い。次いで「拡大・充実する」（二二・二％）、「縮小する」（五・六％）となる。二〇一四年度調査と比較すると、「拡大、充実する」（三七・九％）が減る一方で、「現状を維持する」（五六・五％）や「縮小する」（一・六％）が増加傾向にある。

他方で、約半数のＮＰＯ法人は「拡大、充実する」（五〇・五％）を志向し、任意団体（一七・九％）と異なる傾向を示す。ただしＮＰＯ法人の拡大志向も二〇一四年度調査（六四・四％）から減少している。現状維持の意味は多様だ。いまの状態への満足度の高さもあるにせよ、限られた資源のなかで拡大することの難しさという面も含んでいるように見える。

第5章　市民による公益活動の長い歴史

1　古代から昭和戦前まで

「世界最古のNPOは日本にある」

日本のNPOの起源をどこに求めるかについては、いろいろな見方があり得る。第1章で述べたように、この語が日本社会に広まったのは阪神・淡路大震災以降のことで、その意味でNPOの短い歴史はここに始まる。しかし、NPOとは呼ばれないまでも、民間の人びとが非営利で公益的な組織活動を行うこと自体は古くから存在している。

かつてピーター・ドラッカーは、ボランティアの参加が重要な基盤となっている非営利組織を「特殊なアメリカ的な存在」だとしながらも、「実は世界最古の非営利組織（NPO）は日本にある」とし、それを自治的な寺に求めた。こうした見方からすれば、日本のNPO

の源流はさまざまなところに見出せる。

たとえば、第3章で紹介した「NIRA報告書」にも中心的に携わった山岡義典は、日本のボランティアやNPOを「市民公益活動」と捉え、古代以来の地縁的な相互扶助活動や仏教が基盤の篤志《とくし》活動の流れを整理した。そのうえで、一九六〇年代後半に市民的基盤を持つ民間の公益活動が一定の潮流を形成したと言う。

数多くの助成事業に尽力し日本のNPOに大きな影響を与えた今田忠《いまだまこと》は、『概説市民社会論』などにおいて特に江戸時代後期以降の諸活動に今日の源流を見ている。

同じく、江戸時代に栄えた民衆による自発的な諸活動や結社については、『結衆・結社の日本史』や『大江戸ボランティア事情』などの著作でも触れられている。外来語のフィランソロピー（企業などによる社会貢献活動）やボランティアという語はもちろんない時代だが、市井の人びとが、公益や相互扶助的な活動を自発的に組織するさまざまな結社が存在した。

こうした諸活動を分野別かつ通史的に知るには『日本ボランティア・NPO・市民活動年表』がある。これによれば、明治維新から第二次世界大戦終結までを創生期、戦後からバブル崩壊までを成長期、NPO法成立を含むバブル崩壊以降を展開期として三つの時代区分が考えられている。

さらに、研究史としては、ボランティア研究の戦後以降の議論を概観するものが大阪ボランティア協会や東京ボランンティア・センターからある。こうした歴史の概念史としては、先述した仁平典宏の論考もある。ここでは、ボランティア概念がいかなる社会的文脈で変容してきたかが文献資料に基づき跡づけられている。

筆者も、ＮＰＯの変遷や、特に阪神・淡路大震災の起こった兵庫県と神戸市の状況について、ボランティア元年以後の二五年の検証を行ってきた（『その後のボランティア元年』）。

この章では、紹介してきた著作を用いながら、近代以前を概観したのち、戦後の変遷について主な流れを追う。もちろん、詳細な歴史はこれらの著作をぜひ参照して欲しい。

さまざまな痕跡――日本の古代・中世

そもそも、人びとが土地に定住し移動が制約されていた時代には、地域社会のなかに血縁を超えた人びとの協力や扶助が見られただろう。近代国家や市場経済の成立よりも、はるか昔のことだ。その事実は、人の作る社会を理解するうえで重要な手がかりを与えてきた。

人の利己心から神の見えざる手（市場）を論じた経済学の祖アダム・スミスも、その一方で「共感」の重要性を説いたことはよく知られる。曰く「人間というものをどれほど利己的と見なすとしても、なおその生まれ持った性質の中には他の人のことを心に懸けずにはいられない何らかの働き」があるのだという（『道徳感情論』）。

他にも、社会学はそもそも他者と相互作用する行為や秩序形成に関心を持ち、文化人類学でも贈与は古典的で本質的なテーマだ。心理学や社会心理学では、援助行動に代表される向社会的行動は重要な主題を形成している。さらに、社会生物学や進化生物学などでも、利他的行動の説明は大きなテーマだ。

アメリカの心理学者マイケル・マカローは、血縁や地縁を超えて見知らぬ他者を援助する利他性がいかに獲得されてきたかを論じた。その「思いやり」(利他)の拡大の過程を、生物学的な問いから社会科学の知見へと広げ『親切の人類史』としてまとめている。

それは利己的なのか利他的なのか、論理的思考やその欠陥の結果か感情的な情動か、人間特有なのか他の動物にも見られるのか……など、自然科学から人文・社会科学に至るまで、困難な状況やその渦中にある他者に手を差し伸べる様子は、人と社会の大きな謎の一つとして取り上げられてきた。

「ボランティア」や「NPO」の語は社会的な文脈で受容されてきたもので、日本にとってはいずれも輸入概念だ。しかし、そう名付けずとも、人の社会には広くこうした営みが観察される。それは日本でも同様だろう。実際、広い意味でNPO的なるものがいかに特殊なものでないかは、日本社会の歴史を振り返ればその具体的な痕跡をすぐに見つけることができる。

たとえば先述の山岡義典によれば、古くは宗教との結びつきのなかに見られる。古代より多くの仏僧が福祉、医療、教育活動や救貧活動を行っている。奈良時代に、民衆とともに治水事業や開墾事業、救貧事業などを精力的に行った行基《ぎょうき》（六六八〜七四九年）は、ボランティアや社会起業家の祖とも言える存在だ。平安時代には空海（七七四〜八三五年）が、庶民の教育機関として綜芸種智院《しゅげいしゅちいん》を開設するなどの公共事業を行っている。鎌倉時代には重源《ちょうげん》（一一二一〜一二〇六）、叡尊《えいそん》（一二〇一〜九〇年）、忍性《にんしょう》（一二一七〜一三〇三年）らが、やはり救貧活動、架橋や道の修築など多くの社会事業を行った。いずれも布教の役割のみならず、民衆に働きかけて組織化し、共通の課題を解決する事業を生み出した点で、社会起業家的な側面もあった。

仏教思想を背景としたものだけではない。キリスト教の伝来（一五四九年）以後、「ミゼリコルディア（ポルトガル語で慈悲の意味）の組」と呼ばれた民衆の慈善組織が各地に作られ、老人施設の開設や孤児の救済などを率先して行った。

江戸期の社会と結社

地域内の互助関係も古代以来のものと考えられる。そうした規範はやがて組織やしくみとなって、地域の秩序を保つものとして機能した。

秋田感恩講　1829年に有志の寄付により始まった江戸期のNPO。窮民孤児救済など先駆的な取り組みは世界からも注目された

江戸時代には、中世より存在していた労力の相互扶助組織である結《ゆい》・もやい（もあい）や、経済的な相互扶助組織となる講《こう》をはじめ、さまざまな自発的結社が大きな役割を果たしていた。日本語にはこうした結社を示す言葉が多いようで、組《くみ》、組合《くみあい》、連《れん》、連中《れんじゅう》、社《しゃ》、社中《しゃちゅう》、会《かい》といった、血縁や地縁によらず、個の関心や理念による社会的結合を表現するさまざまな用語がある。

なかでも有名なものとして秋田の「感恩講」（一八二九年）がある。商人の発案で多くの同志の出資により農地を得て、その収穫と運用により、継続的に救貧活動を行った。天保の大飢饉では多くの浮浪者や孤児を救うなど地域で重要な役割を果たし、その後も町人などの寄付を得ながら藩内各地に広がり受け継がれた。明治時代に入り財団法人となった後、農地解放による財政基盤の喪失とともに一九四七年に救貧事業は終えるが、その後も社会福祉法人へとかたちを変え、児童養護施設（感恩講児童保育院）の運営を行う。

また、町人の子弟に読み書き算盤《そろばん》などを教える寺子屋や、漢学や蘭学・洋学などの学問を教える私塾が民間に広まったのも江戸時代である。いずれも私設の教育施設として、さまざまな立場の人の手により自主的に開設・運営された。今日の私立学校に連なるものだ。

福澤諭吉は、慶應義塾の創設にあたり記した「慶應義塾之記」で、「今ここに会社を立て義塾を創《はじ》め」との宣言から始めている。義塾の語は、福澤の研究者富田正文《とみたまさふみ》によれば「志を同じくする新しい学問の使徒が、力を協《あわ》せて社会公共のために維持経営する学塾というほどの意味を含ませたもの」（『考証 福澤諭吉』）だ。また、ここに「会社」と記されてあるが、もちろん営利企業ではなく、目的をともにする自発的な結社のことを述べており、本来の非営利組織の意味に近いとも言える。慶應義塾も、現代風に極端に言い換えると、最初はNPOの運営するフリースクールなのだ。

先に触れたドラッカーも、こうした私塾の存在を引き合いに出し、「明治を築いた人びとはいずれも、義務教育が発足する以前から、文人たちによるボランティアで非営利のしかも地域的な組織である寺子屋あるいは私塾の出身者だった」（「ドラッカーが語る非営利組織の発想と企業　講演録」）と評している。

明治民法と民間非営利組織

感恩講にせよ、慶應義塾にせよ、いずれも公益性の高い民間の自主的な組織で、こうした存在は地域社会に数多く見られた。それが国の制度に位置づけられるのは明治時代以降のことだ。

たとえば、生活困窮者の救済は、恤救規則《じゅっきゅうきそく》（一八七四年）が国庫の救済対象の基準を定めた。ただ、日本で最初の統一基準を示した救貧法ではあったが、救済の基本を「人民相互の情誼《じょうぎ》」として血縁と地縁に求めており、きわめて制限されたものだった。

教育については、学制（一八七二年）により事実上の義務教育が始まった際には、初期の小学校整備に寺子屋が活用されている。私立学校に位置づけられた私塾も、中等教育機関としての一翼を担う。なお、日本赤十字社の前身の博愛社《はくあいしゃ》（一八七七年）、東京YMCA（一八八〇年）などの諸活動が始まったのもこの時期だ。

こうしたなか、日本のNPOにとって決定的に重要な出来事は、一八九八年に民法が施行されたことだろう。第3章で述べたように、旧民法三四条で「祭祀、宗教、慈善、学術、技芸其他公益に関する社団又は財団にして営利を目的とせざるものは主務官庁の許可を得て之を法人と為すことを得」とし、民間の行う非営利の組織類型である財団法人と社団法人を規定した（同三三条で法人の設立にはそれを規定する法律が必要であるとし、三五条で営利目的の法人が規定される)。

ただし、先述のようにこれらの公益法人の設立には厳しい要件と主務官庁の許可が必要で、設立時の行政の裁量や国による管理統制によって、民間非営利の法人組織は政府と独立して存在できないこととなる。つまり、仁平典宏の言うように、「国から「公益」と定義されない活動・組織は、法・制度の空隙《くうげき》地帯に放逐《ほうちく》」(『「ボランティア」の誕生と終焉』)されることを意味した。この基本的枠組みは、公益法人制度改革まで、その後一〇〇年以上変わらず続くこととなった。

翼賛体制と「奉仕」

こうした民間の公益活動の制度化の流れに対し、「空隙地帯に放逐」された制度外の草の根活動も生まれていく。一九三〇年代には、すでに「ボランティア」の語も紹介されていた。

日本で最初の「ボランティア」に関する論文は、イギリスのトインビー・ホールに始まるセツルメント(隣保事業)を論じるなかにある。内片孫一「隣保事業に於けるヴオランチアの役割」(一九三二)と谷川貞夫「社会事業に於けるヴオランテイアに就いて」(一九三七)がそれである。社会事業、特にセツルメントで、専門家に対するボランティアの意義を評価するものだ。セツルメントとは、貧困地域にともに住み住民の生活向上を図る活動である。

その大きな原動力は若者だった。

一九二三年の関東大震災時にも、当時の東京帝国大生が自主的に救援にあたるなどの災害支援活動の記録がある。この活動は、その後、調査や労働者教育、医療活動や幼児児童の育成などを行う「帝大セツルメント」(一九二四年)へと発展する。

もっとも、こうした活動は、社会課題の発見とともに政府の対応への不満にもつながる。やがて戦争の気配が濃くなるにつれ次第に特別高等警察の監視対象となり、当時最大であった帝大セツルメントも一九三八年に閉鎖される。

一方、地域生活でも、「明治の大合併」(一八八九年「市制町村制」の施行)で、旧来の地域単位は再編され、町内会や部落会も一九四〇年には市町村の下部的組織に位置づけられた(内務省「部落会町内会等整備要領」)。

戦前の町内会は、行政の末端組織および住民統制としての役割が期待されるようになっていく。ここでは、近隣の助け合い精神とされた「隣保共同」が全体主義的な翼賛体制に組み込まれ、「非国民」の監視通報の役割を担うようになる。

このように、世間への「奉仕」とされた諸活動は、総動員体制のスローガン「滅私奉公」と接合することで、全体主義的な意味での国への奉仕へと容易《たやす》く転化し得ること、そうでなければ弾圧の対象となることは、強調して指摘しておかなければならないことだろう。

こうした一連の過程は、「公共にかかわる活動（公益）は政府が差配するもの」との認識を強固にしていく。それは民間の自由な非営利活動が表舞台から消えることを意味した。

2　さまざまな源流——敗戦から一九八〇年代

戦後における民間公益活動の位置づけ

戦後史については、終戦から一九六〇年代までの動きを、民間の公益活動の位置づけ、ボランティア概念の紹介、中間支援組織の成立の三つの視点から見ていこう。

第一に、戦後の民間の公益活動がどう位置づけられたかだ。連合国軍最高司令官総司令部（ＧＨＱ）の占領統治下で行われたことは、民間を国家体制に組み込むしくみの解体だった。たとえば、「町内会部落会又はその連合会等に関する解散、就職禁止その他の行為の制限に関する政令」（一九四七年）が施行され、町内会などは解散されることとなった。今日の町内会は、サンフランシスコ講和条約発効後に復活したものである。

そして、「国民主権」「基本的人権の尊重」「平和主義」を基本原則とする日本国憲法の公布、施行は、民間非営利の活動にも影響を与える。

憲法二五条には、すべての国民は健康で文化的な最低限度の生活を営む権利を有するとしたうえで、「国は、すべての生活部面について、社会福祉、社会保障及び公衆衛生の向上及び増進に努めなければならない」とある。社会福祉については国が責任を負い、具体的役割を果たすことが述べられている。

憲法八九条では、「公金その他の公の財産は、宗教上の組織若しくは団体の使用、便益若しくは維持のため、又は公の支配に属しない慈善、教育若しくは博愛の事業に対し、これを支出し、又はその利用に供してはならない」とある。公金を「公の支配に属さない」団体に支出することを制限し、そのことを通じて国がこれらの団体を統制することを禁じた。

国民の福祉は国が責任を負うとしながら、実質的に多くを担う民間社会事業への公金支出を制限する構図は、戦後混乱期における膨大な保護や支援ニーズへの対応の困難をすぐに生むこととなる。

実際、民間社会事業の経営は大きな打撃を受けていた。そこで、公金支出を制限しながら民間社会事業の財政支援を行う策として、アメリカのコミュニティ・チェストにならった共同募金が一九四七年に始まる。

先の憲法八九条は、国家神道を念頭に、そうした民間団体を国が援助することを禁じ、慈善(福祉)や教育は、公権力による干渉を排してその自主性を確保することが趣旨だと言われる。しかし、公の支配に属さない福祉や教育事業への公金支出が制限されるなら、民間の組織が「公の支配」に属するものと解釈できればよい、という逆の方向に舵が切られる。その結果、民法三四条が規定する公益法人とは別に、特定の目的を持つ法人を分離し、社会福祉法人（社会福祉事業法）、学校法人（私立学校法）などが生まれた。こうして、民間の公益活動と国家との関係が編み直されていった。

ボランティアの広がりと支援

第二に、戦後の混乱期からの草の根の活動の広がりだ。

ボランティアについては、当初戦争引揚者援護のため一九四七年に設立された「博友社」（富士福祉事業団）がその必要性を予見し、啓蒙や育成を行ったなどの記録がある。

また、戦災孤児の非行の増大を背景に、一九四七年に京都で「BBS運動」（Big Brothers and Sisters）が起こった。アメリカ由来のこの活動は、学生が子どもの兄・姉代わりになり社会的更生の支援を行うもので、一九五二年には全国的な組織に発展している。

さらに一九五二年、愛媛県から「VYS運動」（Voluntary Youth Social Worker）が起こり、有志の若者によるキャンプや子ども会活動が広がった。これは、全社協（後述）による講習会が契機となったもので、一九六八年には全国的な活動（全国VYS連絡協議会の設立）に至る。他にも、先述の学生セツルメントも戦後再び息を吹き返していた。

第三に、ボランティアを推進する主体の成立で、今日で言う中間支援組織の萌芽《ほうが》である。最初期には、一九四八年に日本初のボランティアセンターと言える「社会事業ボランティア協会」、一九五七年に「学生ボランティア協会」の設立がともに大阪であった。東京でも一九六三年に「ボランティア東京ビューロー」が設立された。これらはいずれも数年で主たる活動を終えているが、「ボランティア」の名が冠せられた最初期のボランティアセンターだと考えられる。

次いで、一九六五年に「ボランティア協会大阪ビューロー」（のちの大阪ボランティア協会）、六七年には「ボランティア協会兵庫ビューロー」（同、兵庫県ボランティア協会）と「日本青年奉仕協会」（JYVA）が設立され、その後大きな役割を果たす。以上は、いずれも主として民間主導で作られたものだ（社会事業ボランティーア協会は大阪市の支援もあった）。

一方、社会福祉協議会（社協）が、一九五一年の社会福祉事業法に基づき中央社会福祉協議会として設置される（五五年に全国社会福祉協議会に改称）。形式的には民間の非営利法人（社会福祉法人）だが、実質的には自治体ごとに設置された官製の組織と言える。

その各市区町村の社会福祉協議会にあるボランティアセンターの前身として、木谷宜弘《きたによしひろ》が構想した、金品や労力を預託する「善意銀行」があった。一九六二年に徳島県で開設されて以来全国に広がり、七〇年代半ばまでに全国一〇〇〇ヵ所を超えている。

社協によるボランティアの推進は、一九五九年のボランティア活動研究会に端緒を見出せる。その文書「社会福祉のボランティア育成と活動推進のために」では、都道府県社協に対しボランティアの必要性と具体的な組織化が説かれている。続く一九六二年の全国社会福祉大会ではボランティアの育成と組織化がテーマとして取り上げられた。これらは「ボランティア」の語が社会福祉分野の研究者や実践者を中心に広まる契機ともなった。

一九六〇年代から七〇年代にかけて

この時期が重要なのは、戦後からの労働運動や学生運動の流れがあるなかで、それらとは様相の異なる、今日のＮＰＯに直接連なるような組織的活動が「一定の潮流として日本の社会に登場」（「ＮＩＲＡ報告書」）したと考えられるからだ。一九六〇年代後半に安保闘争が終わり、「要求・反対運動から提案・実践活動へと人々の関心が移って」（同前）いく時代でもある。日本の高度経済成長が終焉するなか、新たな社会課題や生活課題も顕在化していた。たとえば、大規模開発に伴う公害問題や環境問題への関心の高まりは、各地で住民運動を生み出した。これらは、地域住民主体で活動した点で、それまでの労組や政党主導の運動とは異なる様相を呈していた。

くらしに直結する問題では、戦後から展開してきた消費者運動がある。主婦による牛乳の共同購入を契機に東京都世田谷区で「生活クラブ」が一九六五年に設立され、各地の「地域生協」も急成長した。生活クラブは一九六八年に「生活クラブ生協」となり、七七年に地方議会に議員を出す代理人運動を始める。こうしたところにも、事業性を意識した活動の萌芽や、住民自らが社会参画し政策提言する流れを見ることができる。

また、失業者問題を背景に、労働者自身が出資、所有、管理する労働者協同組合（ワーカーズ・コープ）が生まれるのもこの時期だ。一九七一年に兵庫県西宮市役所の仕事を受託する組織として高齢者事業団が設立され、この方式が全国に広まっていく。ここにも、従来の運動に事業や労働の軸が加わる過程を見ることができる。

一九七〇年代は、田中角栄首相が「福祉元年」（一九七三年）を謳《うた》い福祉拡充への期待が高まったものの、直後の石油危機による財政圧迫から、すぐに「福祉見直し」となる時代だ。寝たきりや認知症、独居などの増加を背景に、高齢者介護への社会的関心が高まるなか、高齢者を対象とした住民による地域福祉活動も広まっていく。

障害者福祉分野でも、身体障害者の生活圏を拡大しようとする運動が起こり、これが「福祉のまちづくり」につながっていく。一九六〇年代にアメリカ・カリフォルニア州から生まれた障害者の「自立生活運動」も紹介された。この分野では、一九七三年より障害者の自立支援活動を行っていた「たんぽぽの家」が一九八〇年にオープンしている。

「コミュニティ」の語の紹介もこの時期だ。佐藤栄作政権下における一九六九年の国民生活審議会報告「コミュニティ――生活の場における人間性の回復」（コミュニティ報告書）がその端緒だった。ここでは、「古い共同体は、生活様式の都市化と、これによる若年層を主とする構成員の離脱を契機として次第に形骸化され、〔中略〕今や地域共同体は崩壊の過程を辿ることとなった」（コミュニティ報告書）との現状認識のもと、「生活における集団形成たる「コミュニティ」の必要性が説かれた。それは戦後の社会変動として、モータリゼーションの普及や家族制度の変容、「昭和の大合併」（一九五三年「町村合併促進法」以降の市町村合併の推進）に代表される行政機能の役割変化などを背景にしていた。

かつて戦時体制の末端組織として組み込まれた閉鎖的で統制的な旧来の町内会とは明確に区別し、新しく開放的で構成員相互に信頼関係のある望ましい集団としてコミュニティの必要性が説かれている。

一方、一九六四年の東京オリンピック・パラリンピックは、海外への関心やチャリティへの向き合い方を変える契機となり、こうした変化もまた一九七〇年代の人びとの意識やさまざまな活動に影響したと考えられる。海外支援活動としては、一九六五年に青年海外協力隊が政府により開始され、一九七四年にＪＩＣＡ（国際協力機構）が設立される。ＪＩＣＡは、のちの一九九〇年代にはシニア海外ボランティアや日系社会対象の青年・シニアボランティアを開始する。

この一九六〇年代半ばから七〇年代にかけては、積極的にボランティアが育成・推進される局面でもあった。一九六八年には、ボランティア研究委員会（阿部志郎委員長）が起草した案をもとに全社協より「ボランティア育成基本要項」が出され、社協のボランティア育成の基本指針となった。ボランティアが制度や政策に位置づけられるのはこの時期からである。のちに「官製ボランティア」という語も生まれることとなる。

また、一九七三年に各社協にボランティアセンターの設置が開始されると、善意銀行からボランティアセンターへの転換や機能の移行が進んだ。広く一般市民にボランティアが浸透したとはまだ言えないものの、その語が新聞の記事のなかに登場し始めるのも一九七〇年代以降のことだ。

一九八〇年代――政府・企業とも異なる組織化

一九八〇年代に入ると、六〇年代から七〇年代を通して生まれ変容するさまざまな活動が、その輪郭を一層明瞭にしていく。のちのＮＰＯに連なる組織化の時代とも言えるが、それは既存の組織観とも異なる、オルタナティブ（代替的）な組織像を求めるものだった。

一九八〇年代半ばに都市部の主婦層を中心に「住民参加型在宅福祉サービス」が生まれる。

これは、制度の枠にとらわれず、地域住民の支え合いで家事援助や配食、送迎などの生活サービスを行う地域住民を中心とする団体だ。当時は無償が一般的だったボランティア活動に対し、継続性を確保するために会員制の有償サービスとした点に特徴があった。その是非をめぐって「有償ボランティア論争」とも言われた大きな議論を呼び起こすことにもなる。

これらの団体は、のちにNPO法人となったものも多く、その後の福祉系NPOの原初形態と言える。運営形態も、一九八一年に事業開始した「武蔵野市福祉公社」のような行政や社協が主導するもの、序章で触れた一九八二年設立の「神戸ライフ・ケアー協会」のような住民互助を基盤とするもの、後述するワーカーズ・コレクティブ形式で運営されるものなど多岐にわたる。有償部分には、活動時間を預託し、それを用いて自身がサービスを受けるしくみが採用された。ここでの貨幣は、労働への対価と言うより、相互性を担保するためのものだと言える。

他にも、一九八三年には灘神戸生協がすでに展開していた「コープくらしの助け合いの会」が組織化されて在宅福祉サービスを開始し、同様の動きは他の生協にも拡がった。

また、生活クラブ生協神奈川が、一九八二年に日本初のワーカーズ・コレクティブ「にんじん」を設立した。ワーカーズ・コレクティブとは、働く人全員が出資し自ら経営する組織体である。先述のワーカーズ・コープと同じ考え方だが、主に女性の生協活動がルーツにあ

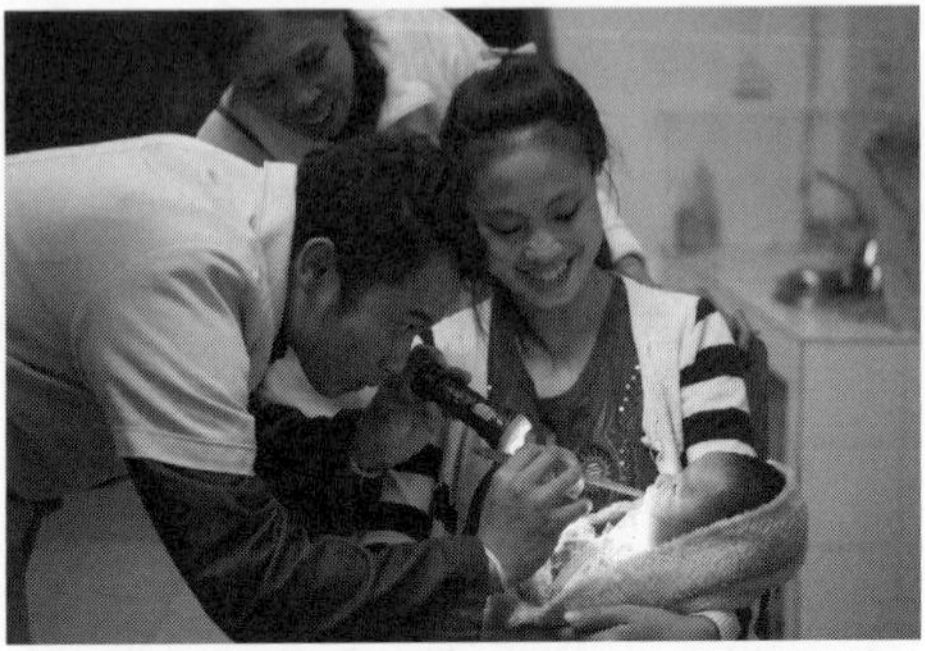

認定NPO法人世界の医療団（東京）によるラオス地域医療強化プロジェクト　5歳未満児死亡率の高い山岳地帯で、住民への健康教育と医療体制の強化を行っている

る点が異なる。

この時期には、「市民バンク」のように、市民の社会事業に融資する非営利バンクの提案も行われ、ボランティアと事業性や経済性、労働などの接合の模索を見出すことができる。

一方、国際問題や環境問題への民間の関心は、「NGO」の名とともに登場し始めていた。この背景の一つは一九七〇年代末から急増したインドシナの難民支援問題があり、八〇年代にかけて多くの国際協力NGOが設立されている。

国際協力分野における「NGO」の語自体も、一九八〇年代前半には見られるようになっている。たとえば、『NGOダイレクトリー』（NGO研究グループ）が一九八二年（八三年に改訂版）に出され、国際交流基金の雑誌『国際交流』三六号（一九八三年一〇月）の記事にもその語を見出すことができる。

また、一九八三年に発足したNGO関係者懇談会は、一九八七年に「NGO活動推進センター」（二〇〇一年に国際協力NGOセンターに改称）につながった。他にも、一九八五年に「関西NGO連絡会」（一九九四年に関西NGO協議会に改称）が設立されるなど、その語を冠する中間支援組織も同時期に生まれている。

環境分野も、森林破壊や干魃《かんばつ》の問題に国際的な支援が行われるとともに、環境保全や開発への関心が高まり、この分野のNGOが数多く設立される。その後、一九九二年にリオデジャネイロで開催された地球サミットには、世界中から数多くのNGOが参加した。このなかで採択された「アジェンダ21」では、NGOに期待される役割が強調されている。

以上のように、「政府とも企業とも異なる主体」が組織化され、またボランティア活動の実質的な意義や可能性に注目が集まるにつれ、政府も各々の分野で施策を検討している。

一九八一年には経済企画庁（当時、以下同）により「ボランティア活動の実態」が初めて出された。他にも、文部省は高校生対象のボランティア養成講座への補助を開始し（一九八二年）、環境庁の「環境ボランティア構想」の発表（一九八四年）、厚生省が全社協を通じて実施した「福祉ボランティアのまちづくり事業」（ボラントピア事業）の開始（一九八五年）などもあった。外務省はODAの新規予算項目としてNGOの調査・支援費を設け（一九八五年）、NGO・外務省関係者懇談会を実施している。一九八九年には外務省の「NGO事業補助金制度」や農林水産省の「NGO農林業協力推進事業」が、一九九一年には郵政省の

「国際ボランティア貯金」が始まっている。施策のうえですでに無視し得ない存在となっているることがわかる。

3 「ボランティア元年」前夜とその後

震災前夜

「ボランティア元年」を準備する一九八〇年代半ばから九〇年代半ばの動きは、第1章でも触れた。「ネットワーキング」概念と「非営利組織」の語が、それぞれ紹介される時代だ。

前者については、「日本ネットワーキング」が、日本青年奉仕協会の雑誌『グラスルーツ』（一九八四年創刊）の編集長で「たんぽぽの家」の播磨靖夫を代表とする自主的な研究会から始まる。一九八九年の第一回では『ネットワーキング』の著者ジェフリー・リップナックとジェシカ・スタンプスを招き、議論を行っている。一九九二年の第二回では、アメリカのNPO関係者四人を招き、主にアメリカのNPOの紹介と日本での可能性が話し合われた。この経緯を調べた経営学の吉田忠彦によれば、アメリカのNPO関係者をそろえ、NPOの呼称とともに日本に広く紹介した初めてのものだ。この回のテーマ「ネットワーキングを形に！」の「形」こそ「NPO」だった。

他にも、一九八六年に出版された『ばななぼうと：もうひとつの生活を創るネットワーカーズの舟出』では、食や環境、リサイクル、エネルギー、フリースクール、村おこしなど、さまざまな活動の連携としてネットワークが強調されている。このなかでは、有機野菜の宅配事業「らでぃっしゅぼーや」を設立した高見裕一が「ＮＰＯ」の語を示し、運動と仕事とボランティアの違いに言及している。ここにもボランティアや運動ではなく、一般的な組織や働き方でもない「オルタナティブな」社会とのかかわり方を模索する動きを見出せる。

もう一方のビジネスの世界との関係では、ピーター・ドラッカーやフィリップ・コトラーの邦訳が一九九一年に出版され、「非営利組織」の語が経営層などに紹介され始めていた。

また、バブル景気を背景に行われていた企業による文化事業や社会貢献事業が発展するとともに、アメリカに進出した日本企業が、「企業市民」として社会への貢献を求められる流れもあった。一九九〇年には「企業メセナ協議会」や経団連「１％《ワンパーセント》クラブ」などが設立された。この一九九〇年は「フィランソロピー元年」と呼ばれた。

そして、実践と政策、研究の対話が進むのもこの時期だ。一九九三年には大阪で本間正明・山内直人・出口正之・跡田直澄《あとだなおすみ》などいち早くＮＰＯの意義に着目していた研究者らが「ＮＰＯ研究フォーラム」を、東京ではアメリカでのＮＰＯの調査を経た山岸秀雄が「ＮＰＯ推進フォーラム」（一九九六年にＮＰＯサポートセンター）を結成している。一九九四年には、先述のNIRA報告書の刊行があり、NPO法の成立に大きな役割を果たす「シーズ＝市民活動を支える制度をつくる会」が結成された。阪神・淡路大震災が起こる前年のことである。

震災直後の神戸での動き

ここからは、「ボランティア元年」発祥の地である、阪神・淡路大震災の被災地の動きを見てみよう。まず一九九五年一月一七日震災直後の動きだ。

震災時、各自治体は、殺到するボランティア希望者の対応にまず追われた。兵庫県は一月二二日に災害対策本部緊急生活救援部のなかにボランティア推進班を設置し、県社会福祉協議会と一体的に広域的な調整やニーズの把握を行う一方、ボランティアの受け入れ対応はもっぱら基礎自治体と社協に委ねた。

ただ、のちに兵庫県や神戸市が行った検証記録（ともに一九九六）によれば、社協ボランティアセンターは当時、ニーズとボランティアを効果的に結びつけることができなかったという。神戸市内各区役所も、避難所の開設や救援物資の受け入れ、遺体の安置などに忙殺され、殺到するボランティア希望者に対応できていなかった。

実際、ボランティアのとりまとめは、震災以前からボランティアやNGOの活動経験のある人たちが担った。震災翌々日の一月一九日には、アジア各地で草の根の活動を行う草地賢《くさちけん》一《いち》を代表に「阪神大震災地元NGO救援連絡会議」が神戸YMCAで結成され、二月七日に六八団体一一〇人が出席し課題別に分科会を設け連絡調整を行っている。

二月八日には仮設住宅に関する分科会が立ち上がり、保育園を拠点に「ちびくろ救援ぐるうぷ」として支援活動を行う村井《むらい》雅清《まさきよ》がまとめ役を担った。この集まりは、翌一九九六年四月に「阪神・淡路大震災『仮設』支援連絡会」となる。その後、一九九八年四月には、「被災地NGO協働センター」と改称され、中越地震や東日本大震災、能登半島地震などの被災地でも救援活動を行っている。

同じく震災直後の一月二〇日には、「阪神・淡路大震災・被災地の人々を応援する市民の会」（岡本榮一代表）が発足する。この団体は、大阪ボランティア協会の早瀬《はやせ》昇《のぼる》や田尻《たじり》佳史《よしふみ》らを中心に、日本YMCA同盟などのネットワークを持つ笹江良樹らの大阪YMCA、田代正美らの経団連・社会貢献部、地域調査計画研究所の佐野章二、他にも日本青年奉仕協会など震災以前からあった団体が連絡を取り合い、震災翌日の一八日には組織の構想を固める。これらに加え、経団連の1%クラブや大阪工業界などの経済界を含む広範な支援体制を短期間で構築していた。兵庫県西宮市から活動を開始し、主に東部被災地エリアに拠点を広げ、全国からのボランティアのコーディネートを五月まで行った（「震災ボランティア：「阪神・淡路大震災被災地の人々を応援する市民の会」全記録」）。

復興過程とNPOへの移行

多くのボランティアの引き上げ期以降はどうだったか。

震災から三ヵ月後の四月一八日に「市民・連合ボランティアネットワーク」が設立された。ロッキード事件の検事として知られる堀田力《ほったつとむ》のさわやか福祉財団とWACアクティブクラブ、連合の三者で立ち上げたものだ。ここでは、中村順子（序章参照）や佐野章二らが二月二日に設立した「東灘・地域助け合いネットワーク」をはじめ、「神戸中央・助け合いネットワーク」、「神戸西・助け合いネットワーク」など一一のボランティア団体を順次ネットワークし、各地の仮設住宅の生活支援を一九九七年四月まで行った。

他にも、「西宮ボランティアネットワーク」（のちの日本災害救援ボランティアネットワーク）が、被災地のボランティア団体と市外からのボランティア、西宮市の連携で震災直後に生まれている。東部エリアでは、災害看護の第一人者でもある黒田裕子《くろだゆうこ》らの「阪神高齢者・障害者支援ネットワーク」が、西部エリアでは、「FMわいわい」や「たかとり救援基地」（現たかとりコミュニティセンター）などの多くの団体が立ち上がり、ボランティア受け入れの役割も果たした。「FMわいわい」は、一月三〇日にはこの地に長く住む在日コリアン向けの放送を開始し、その後ベトナム人向けの放送と合併し生まれたものだ。NPOの運営する多言語コミュニティメディアの先駆けである。

このように、阪神・淡路大震災後のボランティアは、震災前からすでに活動していた人びとと広域的な活動を行う中間支援組織が地域内外をつなぐ役割を果たした。経済団体などの支援も受けながら、若者を中心とする新規ボランティアを推進力に展開したものだと言える。ただし、これらを統一する大組織が生まれたのではない。複数の重層的なネットワークが各所に存在したのであり、組織というよりも参加自在なネットワークが広がったというのが実態に近い。多くの団体が「ネットワーク」をその名に冠していることも象徴的で、一九八〇年代のネットワーキングの議論の影響を見ることもできる。

復興過程の展開も見ておこう。

震災の翌一九九六年には神戸市東灘区で中村順子らが被災者支援を行っていた「東灘・地域助け合いネットワーク」から「コミュニティ・サポートセンター神戸」が誕生する。他にも、尼崎市などで避難所の支援活動を行う山崎勲らが「シンフォニー」として活動を始めるなど、支援活動からまちづくりや市民参加を進める中間支援活動へと発展するケースが見られた。

同年には、県内の支援活動の現場で見知った人びとが「神戸復興塾」（小森星児）を始め、これが小林郁雄や野崎隆一らによる「神戸まちづくり研究所」の設立（一九九九年）につながった。震災後に実吉《じつよし》威《たけし》が行ってきた「震災・活動記録室」は一九九九年に「市民活動センター・神戸」に改称された。

被災者支援のための民間基金「阪神・淡路コミュニティ基金」の解散（一九九九年）に際しては、黒田裕子や村井雅清らが市民基金「しみん基金・KOBE」の設立を呼びかけた。「宝塚NPOセンター」（一九九九年）の設立も、震災時に市社協のコーディネーターであった森綾子が感じた地域住民の助け合いの必要性が背景にある。

こうした動きは、支援活動での経験や復興への取り組みから生じる、今後のボランティア活動のあり方や継続の可能性、住民自身によるコミュニティづくりの必要性、そのためのネットワーキングや基盤整備に対する問題意識が背景にあったと考えられる。兵庫県では今日も中間支援活動を謳うNPOが数多くあるが、こうした歴史も影響しているのだろう。

また、この過程では、ここまで述べた主な顔ぶれが中心となり、欧米の視察や日本にNPO関係者を招くなど、NPOや中間支援組織の紹介や受容が積極的に行われた。震災後の組織活動のイメージとしてすでに「NPO」という存在が位置づけられていたからだろう。

4　ソーシャルセクター形成の時代

二〇〇〇年代――制度の進展とソーシャルビジネス

その後の流れについて、再び全国的な動向に目を転じることにしよう。

この時期は、一九九八年のNPO法のみならず、介護保険制度（二〇〇〇年）、指定管理者制度（二〇〇三年）、障害者自立支援法（二〇〇六年）など、NPOとも関連の深い制度が始まった。行政からの委託事業の拡大と、NPOの事業化が並行して進展した時期だと言える。

また、支援施策や関連条例の制定や、県レベルでNPOの中間支援組織が整備される時期でもある。まず一九九六年に神奈川県で「かながわ県民活動サポートセンター」が、行政が設置運営する公設公営型の先駆として開設される。二〇〇二年には行政が設置し民間が運営する公設民営型の「ひょうごボランタリープラザ」が開設されるなど、自治体施策としてNPOセンターが各地で設立され、他にも支援施策や条例、施設が整備されていった。民間が設置する民設民営型では、「日本NPOセンター」や「大阪NPOセンター」が一九九六年に、「せんだい・みやぎNPOセンター」が一九九七年にそれぞれ設立されており（いずれも一九九九年法人化）、同様に全国にNPOの中間支援組織が増えていった。

認定NPO法人かものはしプロジェクト（東京）　虐待や貧困で苦しむ子どもたちの解消を目指す。今は主にインド・日本で。活動分野を明確化し21世紀以降設立された一つ

二〇〇〇年代以降の一つの特徴は、「社会起業家」と呼ばれる若い世代による新たな組織の増加である。「カタリバ」（二〇〇一年）、「ETIC.《エティック》」（一九九三年活動開始、二〇〇〇年にNPO法人化）、「かものはしプロジェクト」（二〇〇二年）、「フローレンス」（二〇〇四年）などの誕生はこの時期だ。また、二〇〇三年は企業のCSR（社会的責任）元年と言われ、先述したようにグラミン銀行とムハマド・ユヌスがノーベル平和賞を受賞（二〇〇六年）し、同氏の提唱する「ソーシャルビジネス」の語が知られていく。

これら新しいNPOは、震災以前の団体や被災者支援から始まった団体とは異なり、法制度などの支援メニューの整備も背景に、個別の社会課題の解決を事業として行う志向があった。ボランティア団体からの移行よりも、当初から法人組織として設立されることも増えてくる。こうしたことが震災から一〇年を経た当時の変化を端的に象徴していたと言える。活動分野の明確化と事業性が表裏となり、特定の課題に取り組む事業組

織へと変化したのである。

ただし、行政からの委託事業は、予算規模や方針が目まぐるしく変化するために、多くの団体の財政状況は必ずしも安定的とは言えず、引き続き事業性の高い活動のあり方を模索する時期でもあった。

二〇一〇年代――東日本大震災と「新しい公共」

二〇一〇年代以降については、五つの大きな変化があった。

第一に、公益法人制度改革（二〇〇八年）があり、公益活動を担う組織の類型や制度が大きく変わった。

また、二〇一五年に国連で持続可能な開発目標（ＳＤＧｓ）が採択され、企業でも経済活動を行いながら社会課題の解決や社会的価値の創出に取り組む必要に迫られていく。かつてのように、国や自治体が唯一の「公益」の担い手ではなく、企業も含めた「公益」を担う諸活動の構造自体が大きく変容する時代に入る。

第二は、民主党への政権交代（二〇〇九～一二年）と、民主党政権が強く打ち出した「新しい公共」政策の影響である。

民が公を担うことを目指す「新しい公共」関連事業は、ＮＰＯ全体の事業数や収入、それに伴う担い手の拡大につながった。この起草を行った松井孝治によれば、その概念形成にもっとも影響を与えた出来事は、阪神・淡路大震災時における中央集権の脆弱さだったという。だが、自民党への政権交代によりこのトレンドは長くは続かなかった。NPOにとっては、委託事業が急速に拡大し、それが一気に反転縮小する急な変化に翻弄された時期と言える。しかし、認定NPO法人を含む寄付税制の見直し、NPO法の改正、NPO会計基準の策定、情報公開の促進など、制度的・組織的基盤が整う局面でもあった。

第三に、ソーシャルメディア拡大の影響だ。

二〇一〇年代にクラウドファンディングが一気に広まり、新たに有力な寄付の回路を開くことになった。こうした情報の拡散においてSNSの影響は大きい。

またSNSは、ボランティアやNPOへの参加の契機ともなる。ともすれば「比較的よく知り合う間柄」だった世界が、これまで縁遠かった人のアクセスを容易にした。NPO側も積極的な情報発信やこうしたメディアの活用が求められるようになり、その得手不得手で資源の集まり方に大きく差が生まれるようになった。

NPOにとってソーシャルメディアは、活動を伝える絶好なメディアであるとともに、活動内容や実績、資金の使途や活動する人の振る舞いまで、それらの是非について誰もが自由にコメントできるメディアでもある。内容により、いわゆる「炎上」する事例も珍しくない。

正統な批判もあれば感情的なものもあるにせよ、こうした声に向き合っていく必要が高まった。見知ったコミュニティの範囲で活動することはもはやできない時代となったのである。

第四は、東日本大震災とその支援活動である。

支援活動については、ボランティアは自己責任で慎重に行うべきとの論調もあり、阪神・淡路大震災が大学生を中心に爆発的な参加だったのに対し、東日本大震災では支援者の緩やかな増加や、参加者に高賃金の就業者の割合が多いなどの変化も指摘されている。

他方で、参加の主体も経路も多様となり、社協や自治体以外にNPOや中間支援組織を介した参加、企業組織やその従業員によるボランティア、ソーシャルメディアの普及を背景とする寄付の増大など、この間に生じた変化が支援枠組みの変化として表れた。

第五は、こうしたNPOの進展に伴って、さまざまな手法の開発が進んだことである。

まず、NPOへの支援施策は評価に対するニーズを生む。たとえば、二〇一二年にはNPOの質の向上を目指し、NPOを表彰する「エクセレントNPO」大賞が始まった。また、NPOの事業性が高まるにつれ、さまざまな評価手法についても検討された。評価は、活動や事業の成果を見る事業評価・プロジェクト評価と、組織の能力を見る組織評価や財務評価に大別され、欧米などの手法が積極的に紹介された。

歴史から見えてくること

ここまで主な流れを振り返ってきたが、この歴史から気づくことは少なくない。

第一に、日本社会でも、民間の非営利活動は形を変えながら存在してきたことだ。奈良時代以降の仏教、その後のキリスト教との結びつきのみならず、古来地域社会にはさまざまな民間の非営利活動が存在した。今日存在する組織のなかには江戸時代にまでさかのぼるものもあり、最初は地域における自主的な活動から始まっている。その形は時代とともに変化しているが、非営利の組織的な活動自体はこの社会に存在してきた。

第二に、近代国家成立後に見られたように、こうした営みが「奉仕」として国家と結びつくことで、容易に全体主義的な国家統制のなかに組み込まれ得ることだ。

そもそも「奉仕」とは、神や主君に仕え尽くすことを含意し、主従の関係が埋め込まれている。日本の歴史のなかで、社会への奉仕が「お国のため」に転化し、国家動員につながった問題性は繰り返し強調しておかなければならない。個人の自発性と国家への動員という、一見正反対でありながら、容易に接合し得る微妙な関係を歴史は教えてくれる。

第三に、特に安保闘争後、学生運動が停滞すると、具体的な社会課題を生活と地続きであるものと捉えて、かつての党派的な要求や対抗とは異なる、自ら実践する活動が数多く生まれた。

一九七〇年代を通して増加するこれらの組織は、「市民」の語を用いた市民運動や市民活動などのカテゴリを形成し、事業性や社会参加、生活や充足性などの軸を獲得していった。一九九〇年代半ばにかけて、この時代に取り組んできた各分野のさまざまな活動が「オルタナティブ」を模索する動きとして方向性を共有し、ネットワーキングという組織原理とも結びついた。こうして見ると、名称のうえで「ではない」組織NPOは、そう名乗る前から、「ではない、何か」（オルタナティブ＝代替・選択肢）を模索していた。

第四に、社会運動から市民活動へ、ボランティアからNPOへと、類似するさまざまな活動が前者から後者へと矛盾なく置き換わったわけではない。対抗的な社会運動はもちろん、地域社会にはボランティア団体が数多く存在している。一方、ソーシャルビジネスや社会起業家などの名称も生まれてきた。全体として見れば、さまざまな取り組みが日本のソーシャルセクター全体を形成してきたが、実際には、異なる概念や組織類型と相互作用しながら新しい要素を獲得し、そのカテゴリを拡げ、変容させてきた。

第五に、そのカテゴリの拡大は、政府や市場との関係にまで及んでいる。

NPOにとって、国や地方自治体は必要な要求を訴える相手であるとともに、事業を協働するパートナーとなっている。戦後、国家統制に組み込まれることへの微妙な緊張関係はありながら、社会関係の再編や社会統合の必要性もあるなかで、ボランティアやコミュニティの振興策がとられてきた。NPO法や数々の支援施策も同様に、公益の担い手としてNPOを位置づけてきた。今日では、国や地方自治体の施策の現場や検討の場にNPOの姿が必ずあり、その意味で、行政の活動からNPOを切り離すことはできない。

企業との関連で言えば、一九八〇年代のバブル期以降の変化がある。企業メセナへの関心の高まりやフィランソロピー元年（一九九〇年）を経て、CSR元年（二〇〇三年）があった。さらに、二〇一五年以降にはSDGsへの取り組みの社会的要請があり、高度経済成長期を通して社会課題を生み出す側だった企業が、社会貢献ないし社会課題の解決自体を目指す存在となってきた。その協働相手としてNPOが存在している。NPO自体も事業性が高まり、特に二〇〇〇年代以降には株式会社としてソーシャルビジネスを行うケースも珍しくない。こうしたことも企業との境界を曖昧にしている。

このように、NPOは国や企業とは異なる存在として、多種多様な形態を生み出してきたが、取り組む活動が深まるほど、その輪郭はむしろ曖昧となってきている。

組織としては異なっても、実際の活動自体は国・地方自治体や企業を含め、多様な主体との協働関係で行われることも多い。現代社会におけるソーシャルセクターの活動が及ぶ範囲は、異なるセクターや組織を巻き込みながら拡大している。

第6章　なぜ社会に必要か――非営利組織の存在意義

1　何が期待されるのか

社会変化を映す鏡

前章まではNPOの実態と歴史を順に見てきた。この章では、ここまで述べてきたことを理論的な側面から捉え直してみたい。NPOがなぜ、どのように存在し、いかなる強みがあるのか。そして、どのような限界があるのだろうか。いずれも本書で述べてきたことだが、それを理論はどのように説明するのだろうか。

日本の非営利活動の歴史を振り返って気づくことは、のちに「NPO」と名付けられる存在の成立や変容は、そのまま社会の変容を映す鏡だということだ。社会が抱える課題、人びとの生活のニーズ、それらが満たされない状況を、時々のNPOは、実際の存在と活動を通して、その姿を変えながら示してきた。誰にとっても完璧で不満のない社会は考えにくいため、NPO的な存在は、どの社会、どの時代にも存在し得る。その意味で、近代社会にとって普遍的なものだ。

一九五〇年代から七〇年代にかけては、日本の高度経済成長を背景に、企業活動や工場生産が活発になる反面、大きな公害問題が起きる。また、技術革新や大量生産が進むことで、新たな商品が増える一方、不当表示や薬害などの問題も表面化する。

当時の環境問題や消費者問題の背景には、利潤の最大化を目的とする企業活動が旺盛《おうせい》だったことがある。こうした社会問題に対し、市民が自らの権利を守るべく住民運動が起こり、被害者や弱者救済に取り組む活動が生まれる。協同組合のように、働くこと、生産すること、消費すること、組織を所有することに、市民自ら参画しようとする動きも盛んになっていく。

一九七〇年代から八〇年代には、障害者や高齢者の福祉ニーズの高まりがある。社会保障は政府の重要な役割だが、当時は行政処分として措置され、利用者の選択ではなかった。これに対しては、自己決定権の確立を訴える運動が盛り上がり、あるいは、定められた画一的なメニューに対しては、多様な生活ニーズに根ざした住民参加の福祉サービスが始まる。教育についても、行き過ぎた管理教育や受験戦争などを背景に、就学支援やフリースクールなどの多様な学びの場が生まれた。視点を国外に向けると、難民問題をはじめ、一国の政府では対処しきれない問題に向き合おうとする市民の姿もあった。

これらの背景には、企業活動が基盤を置く市場経済の抱える困難や、民主主義であろうとも人びとの多様なニーズや権利を守りきれない政府の限界がある。いずれも、時代の新しい状況に適応していこうとするものの、それぞれの関心やコントロールの及ばない出来事もさらに増えるため、誰かが引き受けなければならない課題は残る。

NPOの顕在化と必要性の高まりは、時代の移り変わりのなかで生じる、社会が対処しきれない課題の増加を示している。

変容する社会での新しいニーズ

たとえば、戦後、家族のかたちは、近代化により家父長制や直系家族などの大家族から核家族へと変わってきた。公私の領域の分離があり、情緒的な結合を重視し、子どもが中心となるような近代家族が誕生した。核家族化が進んでも、情緒的結合の機能は最低限維持されると考えられていたが、単身世帯や非婚が増加し、それも期待できそうにない状況がある。

こうしたなかで、育児や介護、教育などのケアの機能を家族だけでは担えない「家族の失敗」(『社会変動の中の福祉国家』)という現実は、これらの外部化や社会化を要請してきた。社会化は制度化や市場化を必要とするが、これらの限界もあり、多様化するニーズをすべて満たせるわけではない。ここに家族の変容から導かれるNPOの存在理由が生まれてくる。

このことを裏付けるように、今日のNPOの活動分野は「保健・医療・福祉」がもっとも多く、「子どもの健全育成」や「社会教育」とその隣接分野の割合も高い（第4章）。具体的には、高齢者のデイケアや配食サービス、グループリビング、障害者の支援や社会参加の場、子どもたちの居場所やオルタナティブスクールなど、この分野には、数多くの制度外の活動がある。こうした事実は、家族だけでは担えない社会的ニーズの存在を示している。

「地域社会」も同様だ。近代化以前の農業社会では、地域内の互助的な関係を必要としてきた。日本社会では、結、講などの互助機構が生まれ、近代以降にも近隣関係がその機能を継承してきた。言うまでもなく、現代社会ではその機能が喪失しつつある一方で、その必要性も、特に災害時に切実な形で露呈してきた。

地域社会が同質的なものから複雑な利害関係を含むものへと変容するなか、防災や防犯、環境などを含むまちづくり全体を包括的に行うことは、その画を描くことほど簡単ではない。ここに、個別の課題それぞれを共有する人たちが集まる契機も生まれる。「全員でやりましょう」は難しくとも、「やりたい人がまずやろう」という起こり方だ。「地域の失敗」とでも言うべき互助的な関係の喪失に対して、NPOの存在理由と役割を見出せるのはこうした場合だろう。

二〇一九年末から数年に及んだコロナ禍では、ライフスタイルを見直す人びとが、これまで接点のなかった地域に積極的に参画しようとする動きも見られた。地域社会とは、おのずからあるものではすでになく、何らかの手立てで構想し醸成していくものとなっている。そのためには活動や組織が必要だ。

NPO法人の活動分野では、「まちづくり」が多く、防災や防犯などの「地域安全活動」、まちづくりともかかわる「環境の保全」などもある（第4章）。地域創生の現場にNPOは欠かせない存在であり、地域づくりや居場所づくりにはNPOの存在がある。「こども食堂」の取り組みは、家族のケアの社会化と近隣関係の喪失に対する現代的な対応の一つだろう。

人と接する社会参加の場として

「企業組織」の変容もまた、NPOの存在理由と無関係ではない。終身雇用や年功序列、企業別組合が特徴づけた日本的経営は、その共同体的特質を強く維持し続けた。冠婚葬祭を勤務先の「カイシャの同僚」が担う様子などはその象徴でもあった。

しかし、こうした特質は、低成長、長期不況、グローバリゼーション、ネオリベラリズムの進行などを背景としつつ、非正規雇用の増加や雇用の流動化、ジョブ型採用、実績主義の増加とともに変容している。企業組織内の仲間関係も共同体的側面の機能を持っていたが、非正規雇用が四割を占める社会で、組織内でそれをどこまで期待できるだろうか。

コロナ禍では、エッセンシャルワークなどを除き、オンラインで可能な仕事も増えた。ただ、仕事そのものはリモートワークで可能でも、職場の仲間関係の重要さをあらためて実感したのではなかっただろうか。多くの人が思い知らされたのは、かつての「カイシャ」のような濃密な関係は忌避しつつも、つながり自体をすべて拒絶するわけでないような、中庸《ちゅうよう》な関係の重要性である。

労働は生活を維持するため金銭を獲得する手段だが、同時に、個人と社会をつなぐ社会参加の場であり、社会的な包摂の場と言える。役割を担い、自己実現する場でもある。しかし、雇用環境の変化や企業組織の合理化の進行は、こうした機能を維持することが難しくなっている。あるいは、非正規雇用の拡大に見られるように、もはやそれは一部の人だけが享受できる場かもしれず、ここから排除される多くの労働者がいる。

仮に、首尾よく定年まで勤めあげたとしても、人生一〇〇年時代と喧伝《けんでん》されるなかで、その後の長い人生をどう生きるかという問題が残る。これは、老後に社会とどうかかわっていけるかという問題に他ならない。つまり、人生一〇〇年の半分以上が会社での賃労働ではない期間のある時代に、この問題は誰にとっても他人事ではない。

こうしたなか、かつて企業組織が担ってきた包摂的な機能を、どのように再び構築するか、他で代替するかが課題となる。趣味のサークル活動がそうかもしれないし、SNSを通じた交流は、社会とつながる重要なチャネルとなっている。そして、具体的な活動と人と接する場のあるNPOが、こうした機能の一部を代替する役割を果たすこともあるだろう。

たとえば、ボランティアやNPOへの参加理由として、その活動内容への関心と並んで、新しい関係、雰囲気、自己実現といった組織とのかかわり方に由来する項目があげられるのは、そのことを示している。自己実現としては、シニアの起業の向かう先がNPOになることもある。NPOの参加者が高齢層に偏ることに起因する運営上の課題はあるが、逆側から見れば、NPOは高齢者も若者も等しく参加できる貴重な社会組織なのである。

2　どのような強みがあるのか

「準公共財」を供給する役割

ここまで日本の社会変動のなかで浮かび上がるNPOの意味と役割を見てきた。こうしたNPOの役割に関する理論的な説明は、主に経済学的な観点から行われることが多い。NPOのテキストブックでは必ず取り上げられる項目だ。ここからは、理論的な理解に関心がある人に向けて、その説明を整理しておこう。

古典的なNPO理論に共通するのは、社会でNPOが供給している財・サービスの特性に注目し、それが政府や営利企業（市場）ではうまく対処できないという認識だ。

そもそもNPOは、何らかの程度で公共財的な性質を持つ財・サービスを供給している。公共財とは、対価を支払わない消費を排除できない性質（非排除性）と、同じ財について同時に複数の消費ができる性質（非競合性）を持つ財・サービスのことを指す。そして実際には、国防や警察などの純粋な公共財と、ケーキや車のような一般的な私的財との間に、部分的に公共財的な性質を持つ財・サービスがある。これらを「準公共財」といい、多くのNPOはこうした準公共財の供給主体として社会で役割を果たしている。

公共財の供給では、対価を負担せず便益のみ得るフリーライダーを排除できないため、企業が手を出しづらい。この場合、需要があっても供給が過小となり、資源の効率的な配分ができないことが知られる。市場が得意とする需給調整の機能がうまく働かないという意味で「市場の失敗」と言う。市場の失敗は、公共財の供給以外にも、情報の非対称性や副次的な影響が市場を経ずに第三者に及んでしまう外部性などでも生じる。公害につながる汚染や不法廃棄といった環境問題は、市場の失敗の典型例だ。

他にも、不況や恐慌など経済安定機能がうまく働かなくなることや、格差や貧困などの極端に不公正な配分は、市場のみに任せることの限界の表れで、関連するさまざまな社会問題にもつながり得る。

こうした場合は、政府が介入すればよいという考えが成り立つ。政府が規制などでコントロールするのも市場の失敗が考えられる場合だ。このように、端的に言えば、私的財は市場による供給が効率的だが、公共財は政府が担う方がより馴染むと考えられてきた。

準公共財についても理屈は同じだが、財・サービスによっては私的財に近いものや公共財に近いものもあり、どこまで市場が行うのか、どこまで政府が介入するのかは一意に決めることが難しく、それはしばしば政治的な意思決定による。たとえば、社会保障サービスの供給のあり方を見ると、国ごとに政府の関与が大きく異なる。

もちろん、その政府も万能ではない。NPOが存在する理由はこうした政府の限界に由来すると考えられる。次にこれについて見ておこう。

NPOはなぜ存在するのか

NPOの理論の最初期かつ基本的なものとして、公共財供給の望ましい主体として考えられる政府の限界についての議論がある。公共財供給の理論などと呼ばれる「政府の失敗」アプローチがそれだ。経済学者のバートン・ワイズブロッドは一九七五年の論文で、NPOがなぜ存在するのかについて述べた。

NPO法人農スクール（神奈川）　長期無業者やひきこもりなど働きづらさを抱える人たちと農業をつなげる。NPOは異なる分野や制度を結びつけることを得意とする

準公共財であろうと、人びとの需要は多様であり、集団ごとに質・量で異なる社会的ニーズがある。たとえば、教育では、子どもの置かれた状況も親の希望もさまざまだろう。保健医療でもまちづくりでも、やはりその便益は社会全体にかかわる点で公共財的だが、世代や職業や収入などの属性やライフスタイル、価値観などを背景に、そのニーズもそれぞれだ。

政府が準公共財の供給をどのように行うかは、その意思決定を行う政治家の行動原理の影響もある。現職政治家は、再選の可能性を最大化するために、なるべく多くの人に受け入れられる選択をする傾向がある。この場合、有権者の中位にあたる人のニーズに応えることが重要となるので、そこに含まれない人のニーズは満たされないままだ。

何らかの難しい疾患《しっかん》を持つ当事者は手厚い公的支援を望むが、自分や家族に関係がない人はそれに賛成しないかもしれず、政治家は後者の存在を無視するわけにはいかない。こうした状況下では、より高いニーズや異なるニーズを持つ人は代替的な手段を探す必要がある。

あるいは、声をあげ、社会的な関心を高めることから始めなくてはならない。

このギャップを埋める存在がNPOの原初形態だと考えられる。仮に国や自治体によりその水準が異なるからと言って、望ましい場所に容易に引っ越しできるものでもない。不登校の子どものため、学校とは別に開設されるフリースクール、特殊な疾病を抱える患者やその家族の情報交換や支援を行うグループなど、NPOがこうした活動に多いのも以上のように理解できる。

この説明では、準公共財に対する多様なニーズを背景に、政府に代わってその満たされない部分を埋める存在として、あるいは、多様なニーズに対応できない政府の裏返しとしてNPOの存在理由が導かれる。医療福祉や教育、子育てなどを想定すればわかるように、多くの場合それが生活を営むうえで必要なものである一方で、すべての人が同量・同質のサービスを求めているわけではなく、そのニーズはさまざまな属性やライフスタイルにより異なる。これらすべてのニーズを満たすことは、財政的およびその意思決定をする政治家の行動原理から難しく、それは多様性が高まるほどに顕著になっていくだろう。

一方で社会課題とニーズの多様化があり、他方でそれに応える公共財政が厳しくなるトレンドは、必然的にNPOのような存在を生みだすことにつながる。

このことを踏まえると、異質性の高い社会の方が、同質的な社会よりもNPOが多く存在することが類推できる。たとえば、アメリカには非常に多くのＮＰＯが存在するが、その背景には人種や宗教、政治的など多様性の高さがあるからだとも考えられる。

どのような優位性があるのか

もっともこの理論では、準公共財の満たされないニーズに対し、ＮＰＯがそれを担うことがなぜ適切なのかは説明できていない。また、準公共財のなかには私的財に近いほどの排除的で競合的な財・サービスもあり、実際に企業が供給しているケースも珍しくない。そうしたなかで、ＮＰＯがこれを担う優位性はどこにあるのか。

経済学的な見方では、その組織が営利か非営利かは、それを目的とするかどうかではなく、利害関係者に利益を分配できない制約があるかないかで決まる。第1章で述べた非分配の制約だ。この非分配の制約により、供給側の利潤動機が抑制されると考えられる。ＮＰＯのこの側面に着目したのが「契約の失敗」アプローチだ。経済学者のヘンリー・ハンスマンの一九八〇年の論文がよく知られる。

ここでは、財・サービスに関する情報が、供給側と需要側の間で偏りがあることに着目する。この情報の非対称性については、ノーベル経済学賞を受賞したケネス・アローが医療保険市場を取り上げ論じたほか、同じくノーベル賞学者のジョージ・アカロフのレモン市場の議論がよく知られる。レモンは不良品のことで、それと良品が混在する中古車市場を例に、本当の品質を知る売り手と十分に知らない買い手の間にある情報の非対称性が、結果として市場が不良品ばかりとなり、市場が失敗するメカニズムを説明する。

医療を例にあげると、その医療行為の質に関する内容については、医療従事者はよく理解できても、専門家でない患者側は必ずしもそうではない。福祉や教育、子育て、相談といったヒューマンサービスは基本的に同様の特性を持つ。しかし、情報の非対称性を是正するために患者が専門知識を学ぶことや、品質を常にモニタリングすることは現実的ではない。ここで、もし供給側に強い利潤動機があると仮定すれば、この非対称な関係を悪用し、より多くの利益を得ようとするかもしれず、不公正な取引となりかねない。

ヒューマンサービスのように、その結果はやり直しがきかないにもかかわらず、質を正しく評価できない場合が多く、不公正な取引は人の生死や健康、人権、将来にかかわる重大な不利益をもたらす。

情報の非対称性が問題となるのは、供給側が営利企業である場合、需要側は経営者や投資家の利潤動機を想定して取引を控えるだろう。まして、ヒューマンサービスのように、深刻な不可逆性があり、そのサービスに需要側も主体的に関与することが求められる場合には、一層慎重になるに違いない。本当は必要であるにもかかわらず、リスク回避のために契約に至らないという「契約の失敗」が生じてしまう。

こうした状況下で、理論的にNPOに優位性があると言えるのは、非分配という制度的な特性があるからだ。

非分配の制約は、需要側の犠牲のもとに利益をより得ようとするインセンティブを抑制すると考えられる。もちろん、営利企業であってもこのような行動を常に取るとは限らず、NPOも組織維持のインセンティブはあり得るため利潤動機がゼロだとは言えない。しかし、非分配の制約が、実際にサービスの品質をモニタリングできない場合のリスクを担保するしくみとなり、相対的に優位になり得ることは考えられる。ここでの非分配の制約は、利潤動機が営利企業に比して強く働かないことを担保する、いわば相対的な信頼のシグナルのようなものだ。それゆえ、こうした説明はNPOの信頼理論とも言われる。

もっとも、これについての反論はさまざまにあり得る。まず、非分配の制約が期待通りに機能する確証はない。さらに、制度的に制約されない草の根の団体への適用は難しい。その組織が非分配の制約を持つかどうかや、非分配がどのようなものかを需要側が正しく理解していない可能性も十分ある。むしろ、たとえ根拠薄弱な判断だとしても、「CMでよく見る大企業だから大丈夫だろう」と選択するかもしれない。つまり、理論的前提と現実社会との間に距離があるのだ。

こうなってくると、NPOと企業の峻別《しゅんべつ》に非分配という特性のみに着目することが妥当か、あるいは、それ以外の側面をどのように考えればいいのかが課題として残ることになる。

3　誰が、どのように担うか

担い手は経済的価値を追求するのか

政府の失敗アプローチは政府に対するNPOの存在理由を、契約の失敗アプローチは、市場における営利企業に対するNPOの優位性を説明している。いずれも準公共財を需要する側から見たNPOを、政府や市場の限界から逆説的に浮き彫りにしている。これらは大学生向けのテキストなどでもよく参照されるNPOの基礎理論だ。本書の主題であるNPOのみならず、病院や私立学校などを含むあらゆる非営利組織（広義のNPO）へ適用できる点で一般性も高い。

たしかに、経済学の前提である利潤動機を起点に考えると、抑制メカニズムとして非分配の制約が大きな役割を果たすだろう。しかし、NPOを立ち上げ、活動を担う人びとにとって、そうした価値の最大化にそもそも関心があるのだろうか。

また、NPOには、ヒューマンサービスのように直接的なサービスを提供する組織もあれば、環境運動のように必ずしもそうでない組織もある。もしくは、同じ組織が行うことであっても、ケアや教育の提供のみならず、権利擁護や政策提言といったアドボカシー活動も行うことは珍しくない。前者はサービスの需要側の選択としてNPOの存在理由や優位性を説明できるが、後者についても同じような説明が成り立つのだろうか。

そう考えると、なぜその組織や活動が求められるかの説明だけではなく、なぜその組織を運営し活動を行おうとするのかの説明が必要となるだろう。

NPOおよびその担い手の価値と行動原理に着目する議論は、NPOの起業家精神理論として知られる。起業家と言えば、スタートアップ、ベンチャービジネスを想起するように、革新をもたらす存在で、イノベーション論の祖と言えるヨーゼフ・シュンペーター流に言えば、資本主義社会で創造的破壊をもたらす存在だ。

ただ、一般の起業家が市場経済で行動するのに対し、NPOの起業家は、必ずしも経済的価値のみに動機づけられているわけではない。仮に経済的価値がもっとも重要なのであれば、非分配の制約のあるNPOをあえて選択する可能性は低いからだ。

つまり、NPOの起業家は、経済的価値とは異なる社会的価値を志向しているのであり、その場合、非分配の制約の有無は重大な関心事ではない。端的に言えば、ここまで経済学が自明とした利潤の最大化という前提が、NPOにもそのままあてはまるのだろうか、ということだ。あるいは、仮に利潤最大化が認められるにせよ、NPOを理解するには、それ以外の側面に目を向ける必要もありそうだ。

たしかに、NPOを設立し活動を始める人にとって、第一義的な目的は、現状に対する異議申し立てや社会課題の解決を志向するものである。その背景には一種の信念や価値に基づく問題意識があるだろう。

この背後には、「目的合理的」よりむしろ「価値合理的」な行動原理があると捉えることができる。社会学者マックス・ヴェーバーによれば、目的合理性とは与えられた目的に対し効率的な手段を取ることを指すのに対し、価値合理性は何らかの価値に基づきそれを追求する意味での合理性を指す。前者の典型例は経済的行為で、後者は信仰に基づく行為や、倫理的、審美的なものなど、当人の自覚的な信念に基づく行為だ。その価値に従う合理性であり、その意味で過程や手続きでの合理性とも言える。

NPOの運営という点からは、一定の経済性は重要だ。どのような活動でもコストはかかり、それを賄えなければ活動は止まってしまう。活動を維持するためには組織が必要で、その維持にもコストはかかる。その意味で、NPOには一定の収入がなければならない。

しかし、このこと自体を目的とし推進力とすることと、他の価値の達成のための手段とすることは違うだろう。経済学では、これらはともに利己心に縮約して考えるが、NPOという存在を考える場合、この価値の構造を問い直す必要がありそうだ。NPOやその担い手の存在は、広く経済活動に含まれる、複雑で多様な価値の存在を示しているとも言える。

誰がかかわっているのか

古典的な経済理論は財・サービスの需要側から、起業家精神理論はそれを担う供給側からNPOの存在を説明しているが、NPOをよく観察すると、これらは双方にまたがって存在していることに気づく。第2章で述べたNPOのセミフォーマルな構造がそれだ。こうした全体を組織のステークホルダー（さまざまな利害関係者）として捉えると、そうした主体の関心はNPOの設立や運営にとって重要だ。

ここでの疑問は、仮に政府や市場では満たされない需要がNPOの成立を条件づけたとして、個々の需要からNPOによるサービス提供までの段階をどう説明するのかだ。単に満たされない需要があるだけで、それに対し望ましいサービスが提供されるとは限らない。特に、情報の非対称性がある関係のなかでは、その内容を、ステークホルダーの力によって望ましいものとなるようにコントロールする必要がある。

NPOでは、このコントロールを行う人は、何らかの価値を提供するサービスの供給側だけでなく、課題の当事者でありそれを必要とする需要側にも存在する。ステークホルダーが供給と需要の双方にまたがって存在するというのはこのことを指す。

たとえば、障害を持つ人へのケアは、当事者はもちろん、その家族や周囲もサービスの質に強い関心を持つに違いない。寄付者や支援者も同様で、どのような振る舞いをするかは、その活動や組織を支援するか否かを決める重要なポイントだ。こうした存在はサービスの需要側であると同時に供給側にいるとも言え、組織の設立や運営にとって無視できない重要な役割を果たす。このようなステークホルダーの存在が、NPOの活動内容を方向づけている。

もちろん、多様なステークホルダーが、皆同等のニーズや権限、能力を持つわけではない。価値合理性に基づく限り、それが一致していればよいが、時にその価値の対立を生み出す可能性も否定できないし、実際にそうしたことも珍しくない。これらはステークホルダーの置かれた状況に依存し、それがNPOをコントロールする構造となってサービスや活動に影響を与え

NPO法人あおもり若者プロジェクトクリエイト（青森）
まちづくりと教育にかかわるNPOには、高校生から商店街の大人まで幅広い層の多様な参加がある

るだろう。別の見方をすれば、NPOの普及自体が、こうしたステークホルダーの働きに依存するとも考えられる。

ステークホルダー理論は、情報の非対称下でのNPOの成立条件の考察を深めており、信頼理論を補完した理論とも言える。また、NPOの複雑な構造に着目し、その意味を引き出した点で、政府や市場の失敗から逆説的に導かれた素朴なNPO像よりは実際の構造を踏まえている。需要と供給の関係に分解できないNPOの特性に光をあてたものだ。

なぜ国によってNPOが異なるのか

ここまで順に、需要や供給といった個々の主体のレベル、それらが構成する組織のレベルを見てきた。最後に、組織の集合であるセクター全体のレベルで考えてみよう。

本書は日本のNPOを考えてきたが、実際には、その規模や構造は国により異なる。それはなぜだろうか。もし政府の失敗がNPOを生み出すのだとすれば、その政府がどのようなものかでNPO全体のあり方も変わってくる。

こうした問いに対し、NPOの発展形態を「非営利レジーム」として説明しようとするのが、第1章でも触れたNPOの世界的台頭を実証するレスター・サラモンとヘルムート・アンハイアーによる社会起源理論だ。レジーム（体制）という捉え方は、福祉国家論のイエスタ・エスピン＝アンデルセンが、各国の福祉供給のあり方を社会民主主義型、自由主義型、保守主義型に類型化した考え方にならったものだ。非営利レジームでは、政府の社会保障費と非営利セクターの規模の大小から四つの象限にタイプ分けする。

まず、社会保障費が少なく非営利セクターの規模の大きい「リベラル型」は、アメリカとイギリスがその代表だ。これらの国では中産階級の規模が大きく、社会課題の解決や社会福祉サービスの確保には自発的なアプローチが望まれ政府の干渉は好まれない。それゆえ、政府の社会保障費は制限される一方で、非営利セクターは拡大する。

その対極にあるのがスウェーデンなど北欧諸国に代表される「社会民主主義型」だ。歴史的に社会保障サービスにおける政府の役割が大きいため、その分サービス提供型のNPOの入り込む余地は非常に限られている。しかし、非営利セクターの役割が小さいわけではなく、むしろ権利擁護・アドボカシーや表現、趣味などをはじめとする充実したネットワークが存在する。その意味では市民社会が元来目指す理念に近い。

ドイツやフランスに代表される「コーポラティズム型」は、福祉的保護としての社会保障に対する下層からの強い要求に応えつつ、エリート層の支持する前近代的メカニズムを保つための機能として成立する。こうした双方の要請から政府はNPOと共通の目的を持つように促され、それゆえに、社会保障費が大きいほど非営利セクターの規模も大きくなる。

「国家統制型」には、ロシアのような専制主義的な国家が含まれるが、日本もここに位置づけられる。中間層が弱体化し労働者層も分裂しているこれらの国では、官僚が社会政策を統制し、官僚自身やエリート層のために権力が行使される。こうした環境では、政府の社会保障費が減少しても非営利セクターは大きくならず、いずれも少ないままだ。

以上は、先述の伝統的な理論に対して、マクロ的な視点から各国ごとに異なるセクター全体の成り立ちを説明している。ただ、各国にはさまざまなNPOが混ざり合っているため、どこまで適用できるかは注意が必要だ。たとえば、日本とロシアが同じカテゴリなのは、財政規模と構造が結果として同一のパターンを示しているからだが、国家体制が異なるなど、それを生み出す経緯が同じであるとは限らない。第5章でも見てきたように、国の制度や体制はそれぞれの歴史的経緯により形成されるため、このことを検証するのも難しい面がある。

しかし、スウェーデンの例のように、運動性を指すアドボカシー部門と事業性を指すサービス提供部門に分けたとき、この構造が国によって異なるという知見もある。類型化で単純な理解とならないよう注意を要するものの、日本のNPOの特質を理解するうえで、こうした他国との比較による相対的な視点は重要だろう。

4　どのような限界があり、どう乗り越えるか

自発的であることの失敗

NPOについて、市場や政府の失敗を埋め、利潤追求とは異なる価値の実現を目指す存在と聞くと、あたかも欠点のない存在かのようなイメージを抱くかもしれない。そして、そうした「イメージ」への一種の反動が、NPOへの誤解も生んでいる。

偽善的に思われること、胡散臭さのような感情を抱かれること、時にバッシングを生み出すなどの反応もそうだろう。もちろん、ある条件下でNPOの存在意義や優位性を説明できたとしても、だからといって、NPOがあらゆる面で優れた存在であるわけではない。むしろ課題の冷静な理解が重要だ。

NPOは、市場のような優れた調整機能も、政府のような権限の強い再分配機能も持ち合わせていない。このことを端的に述べたのがレスター・サラモンで、「ボランタリーの失敗」と呼ばれる次の四つの限界を指摘している。

第一に、NPOが市場や政府では供給の困難なニーズを満たせるとしても、すべてのニーズに応えるだけの絶対数が足りず、支える資源も需要に対して十分でない。

第二に、何を行うか自体が参加者の自発性に委ねられており、その関心が集中するところにはサービスが増えるが、関心の及ばないところには不足が生じる。重複や偏重の可能性だ。

第三に、資源を外部の資源提供者に依存することは、それだけ資源提供者の好みや意向に組織運営が左右される危険性がある。

第四に、誰もが自由に参加できるがゆえにアマチュア的になる可能性が高く、さまざまな専門性を求められる場面での対応に課題を抱える。

これらは順に、不十分性、偏重性、温情主義（パターナリズム）、アマチュア性と言うが、これらサラモンの指摘は、NPOに見られる強みの裏返しという面がある。

不十分性や偏重性は、NPOの原動力である自発性から生じるものだ。それを超越的な立場から誰かが調整すれば、かえって自発性の芽を摘んでしまう。

パターナリズムは支援者などとの関係があるがゆえ生じることだが、多様なステークホルダーの存在はNPOにとって資源としても不可欠だ。

アマチュア性はさまざまな人の参加が可能だからこそ生まれるのであり、これを否定して専門化することは、力の源泉である幅広い自由な参加や支援を失いかねない。

ボランタリーの失敗は、NPOの相互依存理論とも呼ばれる。それは、NPOと他のセクターを競合的なものと捉えず、むしろ、それぞれ固有の長所・短所を補い合う協働する存在へと議論をつなぐものとも言えるだろう。

NPOが引き起こす問題と反応

もっとも、組織活動としてのNPOを舞台にさまざまな問題も起こる。NPOをめぐる不祥事や事件もその一つだ。

たとえば、不正確な会計報告や、助成内容とは異なる活動、寄付金の使用報告への疑義など、金銭に関する不適切な運営がニュースとなることは珍しくない。また、NPOが社会的認知を得ることに伴い、NPOを隠れ蓑《みの》に不正を行うケースも起こり得る。災害救援の義援金の私的流用や助成金の不正受給、慈善活動を装った悪質な勧誘など、こうした出来事は「NPOの」というフレーズとともに大きく取り上げられる。いずれも、悪意を持ってNPOの社会的位置づけを利用しており、不正も犯罪も適切に対処されるほかない。誰もが信頼するよい企業と悪徳な企業があるように、よいNPOもあれば悪いNPOもあるのだ。

問題は、個々に論じられるべき不正が、一足飛びに、NPOをはじめソーシャルセクター全体について「怪しい存在」とのイメージに転化しがちな点だ。これには三つの要因があり得る。

第一は、「ボランティア」や「非営利」の語から想起される、無収入や無報酬のイメージに基づく誤解だ。

対価を得る事業から人件費に至るまで、何らかの経済性が見えると批判的な眼差しに変わることは少なくない。しかし当然活動にはコストがかかる。NPOも一つの事業主体という意味での経済主体であり、これは明らかな誤解である。

第二は、「よいことをしている」とのイメージや振る舞いに関するものだ。

非営利の語が想起させる無報酬との誤解が、自己犠牲的なものと映り、「偉いこと」「よい行い」のイメージを生んでいる面がある。しかし、実際は、普通の人が、その人なりの問題意識や動機から行いたいことを実行しているのであって、決して聖人ではないだろう。このように書くとずいぶん失礼な言い方になるが、「NPOの人」も清濁《せいだく》併せ持つ普通の人である。むしろ、聖人でなくとも、普通の人が自由に社会活動を行えるのがNPOの存在する意味だ。NPOが万人にとって「よい組織」であることを自動的に保証するわけではなく、善悪の判断はまた別のことである。

第三は、運動性や政治性に対する忌避意識からくる冷ややかな反応だ。

ソーシャルセクター全体を見れば、社会運動を源流に持つものも多く、また運動性は重要な本質の一つでもあり、その意味でNPOは価値や政治性と無縁ではいられない。NPOには、多様な価値観や意見を汲み取る社会的機能があり、公益性を満たす限り、さまざまな立場の団体が存在し得るのはむしろ自然なことだ。ただ、こうした政治性への忌避感を持つ層にとって、NPOは「かかわりにくい組織」に映る。現代の日本にはこうした層が多いのではないだろうか。

これらの反応は、日本におけるNPOの位置づけの問題である一方、同時にNPOも向き合うべきことでもある。たとえば資金の流れと使途は、その透明性を確保する以外に道筋はない。「言っていることと、その振る舞いが異なる」のが批判の対象となるのはNPOに限ったことではない。だが、NPOはとりわけその一貫性が求められる。「誰かのためにしているのだから、お金の問題は最後に帳尻が合えばよい」とはいかない。また、「偉い人が、よいことを行っている」という先入観は、多くの人がかかわり、実態がより身近になれば解消されるかもしれない。しかし、NPOにかかわる人自身がそう錯覚すれば、社会的には独善的な存在に映るだろう。

領域を超越して

スウェーデンの政治学者ビクター・ペストフは、福祉供給を行う組織類型を整理している。それによれば、公的—私的、公式—非公式、営利—非営利の三つの分類軸から、公的・公式・非営利である国家（平等）、私的・公式・営利である市場（自由）、私的・非公式・非営

6-1　ペストフの「サードセクターと福祉三角形」

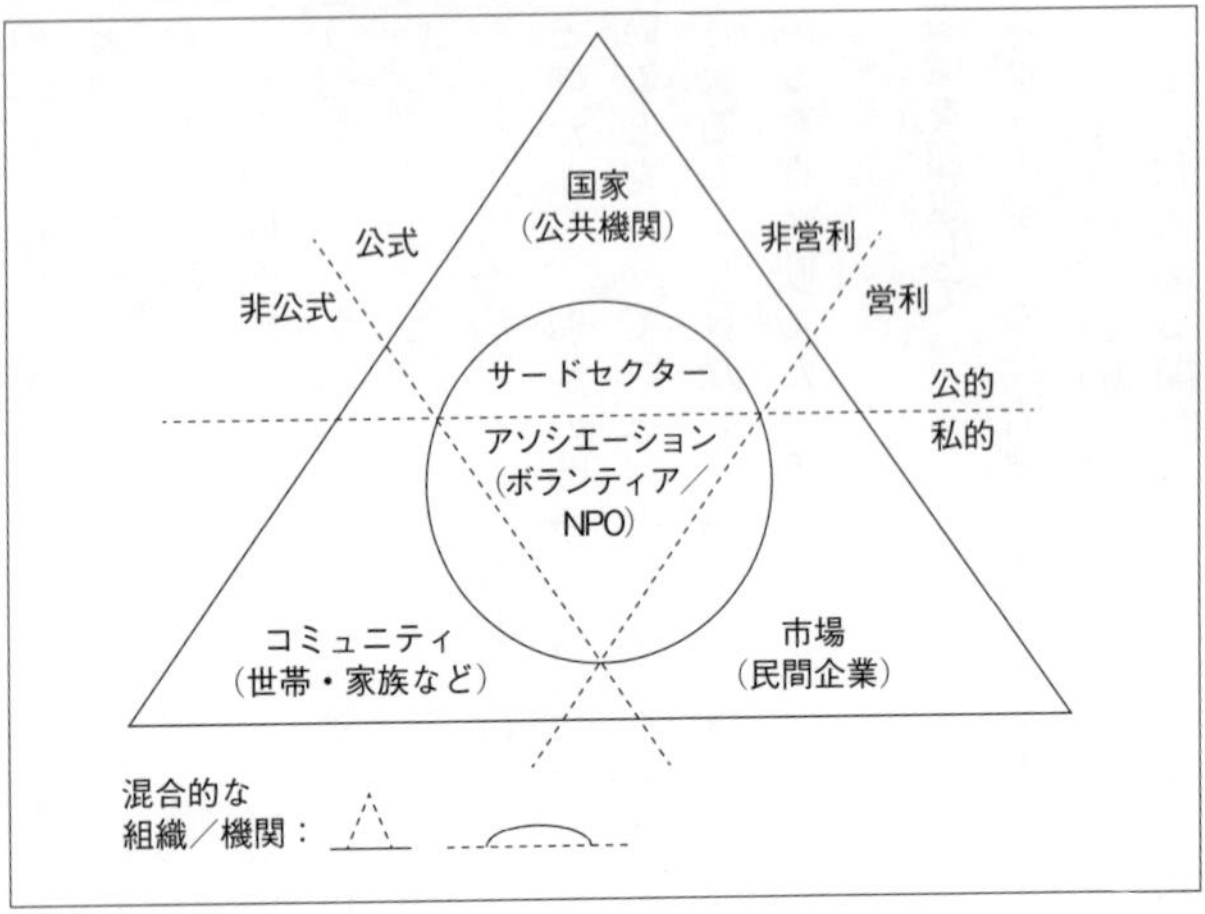

出所：Pestoff 1992, 1998, 2005

利であるコミュニティ（友愛）の三つを頂点とする三角形を描き、その中心にＮＰＯなどのソーシャルセクターを置く（6－1）。ここでは、市場や政府、コミュニティとも異なる存在としてＮＰＯを位置づけている。

これまで見たＮＰＯ理論の多くも、政府や市場と異なる原理が暗に想定されていた。かつて、経済人類学者のカール・ポランニーは、社会統合の三類型として、互酬（贈与）、再分配、交換をあげ、交換に基づく市場経済が必ずしも人類にとって普遍的なものではないこと、異なる交換形態があることを歴史的な視野から論じた。この互酬や贈与を指して、ＮＰＯを基礎づける原理とする見方もある。日本のボランティア元年以前にも、ボランティア独自の原理として互酬性をあげる議論も見られた。

ただし、6－1の図では、NPOを中央の円に位置づけ、他のセクターと重なる領域があることも示している。これは、必ずしも排他的ではなく、むしろこれらを媒介する、ハイブリッドな存在としてのNPOの特徴を示すものだ。

実際に、災害時のボランティア団体をはじめ、非分配の制約が制度的に定められてなくとも、NPOと同様に活動する市民団体は数多い。労働者協同組合、株式会社の形態をとるソーシャルビジネスなども、NPOに非常に近い存在だ。他方、価値の多様化が進み、社会課題も増加かつ深刻化する社会で、財政上の限界がある政府にしても、社会的責任への要請が高まる企業にしても、NPOに接近する動機は高まらざるを得ない。

こうして、NPOと他のセクターの関係は、各々が異なる原理を持つがゆえに一種の対抗関係となり得る。その一方で、互いに限界を抱えていることから、それを補い合う協調関係ともなり得る。どちらの側面が強くなるかは向き合う課題や状況により異なるだろうが、セクター間にまたがる取り組みが必要な時代となっていることは間違いないだろう。

その意味でも、NPOは従来の枠組みを超えた展開があらためて求められている。振り返ってみれば、NPOは歴史的にその姿かたちを変えながら存在してきた。そのことを考えると、社会の変動に伴って、そのあり方を変え続けていくのだろう。

第7章　「分かちあう組織」を創る

1　社会イノベーションの時代

変革を生み出す担い手として

社会から一切の不足や不満がなくなれば、NPOという存在も必要なくなるかもしれない。前章で述べたように、家族や地域社会や職場の変化、そして政府や市場の原理的な限界が、NPOを要請するからだ。

しかし現実は違う。こうした社会の機能の喪失や限界を、いわば引き受けるようにしてNPOは姿かたちを変えながら拡大してきた。つまり、こうして生み出されてきたNPOもまた――たとえその活動が反近代的な価値を志向しているとしても――、近代化の産物だと言える。

しかし、NPOは、他が及ばなくなったことをただ「埋め合わせる」だけの存在ではない。NPOがさまざまな活動を展開することで、それが社会の変動につながるという重要な関係性もある。第2章で述べたように、NPOには運動的な側面もある。運動による直接的な異議申し立てのみならず、新しい事業や、多様な価値の創出を通しても、それは起こり得る。

この場合のNPOは、社会全体の変容に依存するだけの受動的なものではない。むしろ、積極的に社会に働きかけ、より望ましい方に変容させようとする関係、あるいは既存のあり方にオルタナティブ（代替案）を提示する関係と言える。こうした場合、NPOは社会イノベーションの重要な担い手となる。

「社会イノベーション」（Social Innovation）とは、「イノベーション」に「社会」という語が加えられているように、いわゆる技術革新ではなく、「社会課題を解決するための革新的な方法を生み出し展開するプロセス」を指す（『社会イノベーションの方法と実践』）。第6章で触れたシュンペーターのイノベーションの語や、ドラッカーにまでさかのぼる古い概念だが、特に二〇〇〇年代以降では、アメリカや欧州をはじめ、日本のみならず世界中の政策や実践の場で用いられるようになった。

この文脈での社会イノベーションは、個人や組織の新しい形の協働がつくられ、それにより新しいアイディアや方法が見出され、生活の質量を向上させる社会的にプラスの価値を生むまでの一連のプロセスが含まれる広い概念だ。しかし、そのどの過程や側面に光をあてるにせよ、NPOはそのなかで重要な役割を担う主体として位置づけられる。

自ら提案し実践する

一般に、NPOが行う活動や事業が生まれる背景には、既存の状態への問題意識や不満があると考えられる。たとえば、不登校の子どもたちへの教育ニーズは、安全な居場所やフリースクールの活動を作るが、同時に子どもたちの状況への課題意識や、こうした学び方を公教育に位置づけ、それを受容する社会的認知の変化を求めることを伴う。

また、こうした新しいユニークな活動の創出も、社会のあり方を変える契機ともなる。たとえば、地域の居場所やフリースクールの活動例のように、民間での地道な取り組みの価値が次第に見出され、やがて政府による対策や公的支援の対象となることはあり得ることだ。これはNPOの活動を起点に、新たな施策を創出しているとも言える。

さらに、仮に収益性が見出されれば、新たな市場の開拓ともなるだろう。たとえば、高齢者ケアでは、介護保険制度以前には、制度的な対応の及ばない配食サービスや時間外のデイサービスなどの活動が住民参加型の有償ボランティア活動によって担われていた。だが、いまや介護保険制度を中心に大きな市場となっている。

新しい制度・政策や市場につながる活動だけではない。重要なことは、活動を通じて新しい価値や生き方を社会に提示し広める側面だ。

たとえば、環境問題やLGBTQの取り組みに見られるように、それまで社会的に広く認知されてこなかった問題も、声を上げ、それが大きくなることが、人びとの認識や組織の動き方を少しずつ変えている。こうした運動的な側面が人や組織の行動変容につながることはよくあることだろう。

そして何より、NPOの活動や組織運営に人びとが参加し支援すること自体が、新たな価値の発見につながる。NPOへの参加は、学校や職場とは異なる社会参加のかたちであり、日常とは異なる他者との出会いの場ともなる。そこでのかかわりは、時に新しい気づきやライフスタイル、価値をもたらしてくれるかもしれない。これらもまた、人びとの行動変容につながる。たとえ個々には小さい出来事だとしても、その積み重ねが重要な社会変動の動因の一つとなろう。

社会運動の形態は、組織によるものやSNSを通じてなどさまざまにある。そのため、こうした運動全体をNPOの組織活動と同一視することはできない。また、NPOが常に運動の発展形態というわけでもない。とは言え、環境問題への認識や行動の変化、LGBTQの権利擁護についての認識の変化、難病への認知と理解など、人びとの行動をきっかけに生まれる社会の動きは少なくない。実際には、さまざまな人の集合的な行動による社会への働きかけであり、今日ではその活動の端緒や中心にＮＰＯがいることは珍しいことではない。

このように、ＮＰＯと社会の関係は、一方で社会におけるさまざまな部門の不完全性を補うものでありながら、他方でそれそのものの本質やあり方自体を問い直すという二つの側面がある。既存の制度や市場を補完するという意味で既存の体制に親和的である一方、対抗的なものや新規性のあるものとなり得る。言い方を換えると、ＮＰＯを含むソーシャルセクター全体の両翼は、保守的な志向と革新的な志向の双方に接点を持っている。

ＮＰＯ自体のイノベーション

他方で、家族にしても地域や職場の人間関係にしても、それらがかつて担っていたものが、今日のＮＰＯと機能的に等価とは言えないことには注意が必要だ。もちろん、そのすべてをＮＰＯが丸抱えできるわけでもない。それは伝統的な家族や地域の復活を願うのと同様の難しさであり、できることは、新しく構想し実践することでしかない。こうした試行錯誤を伴う新しい実践のなかに、ＮＰＯの役割があるのだろう。

そして、そのＮＰＯもまた、自身のあり方を変容させる動態的な存在だ。

第５章で見たように、日本社会でも、市民による非営利で公益的な活動は、その時代の必要性から生まれ、さまざまな制度に位置づけられ、埋め込められた存在となりながら、それ自体姿を変容させてきた。それは今日でも続いている。

わかりやすいのは組織のあり方についてだろう。具体的には、NPO法以降の組織化と制度化の影響が小さくない。任意団体であれば組織も活動も制約はあまりないが、NPO法人であれ、社団法人や労働者協同組合であれ、法人格を得るには、一定の要件に適合的でなければならない。ある程度様式の定まった書類に合わせて組織を設計し、その内容を報告する必要もある。

法人格は、社会的な理解と支援を得るために意味のあることだが、当然ながら、こうした形式要件は組織のあり方にも影響を及ぼす。自由で多様な活動であったものが、制度化された「服を着る」ことで、気がつけば中身をそれに合わせてしまっていることもあるだろう。

NPOの組織化が要請されるのは、持続可能性に加えて、社会的存在として求められるからだ。特に制度化はそのことを強く要請する。

たとえば、介護保険制度や指定管理者制度の事業主体となることや、委託事業を担うこと、支援施策のもとで助成金を獲得することなども一種の制度化と言える。そして、これらはNPOの事業組織化を進めることにもつながる。もちろん、このこと自体はNPOの経済的基盤の確立の面でも重要だ。社会にとっても、ニーズに寄り添う活動があることや選択肢が増えること、あるいは行政の画一的な対応に対し柔軟性が期待できるなどのメリットがある。

一方で、制度に過度に依存することの問題もある。かえって自由な発想や機動的な活動を奪いかねず、そのバランスが重要となるだろう。事業組織化は、NPOという組織自体の合理化や官僚化も促すために、NPOもまた組織の失敗を孕む可能性があるからだ。

あるいはまた、制度化された存在としてのNPOが、「お上のお墨付き」を得たかのように誤解されると、悪意を持ってその立場を利用されるケースも増えかねない。第6章で述べたNPOの課題はこうしたことからも起き得る。他にも、法人の認証や認定の過程で、「無難な活動」へと何らかの自己抑制や行政の助言が入る可能性は常に排除できない。もとより、NPOの行政の下請化も懸念され、それがまったくないとも言いきれない現実がある。

そして、これら以上に大きな変化と言えるのは、本来、市民の参加を得た「市民による組織」だったNPOが、組織化と制度化を通じて事業組織となることで、「市民のための組織」に変容することだろう。このことは、市民とNPOの関係性の変容につながるため、制度化や組織化のあり方は、NPOの行く末にとって重要だ。

もちろん、制度や施策の影響は、多様なNPOすべてに同じように及ぶわけではない。事業組織としては、社会的企業や労働者協同組合のような存在を生み出しており、むしろNPOを含むソーシャルセクター全体の多様性をさらに拡げている側面もあるのだ。

2　ソーシャルセクターを創り育てる

方法としてのソーシャルセクター

社会が変容し、NPOもまた変容するなかで、いま求められることは何だろうか。ここでは、ソーシャルセクターという枠組み、協働とそのあり方の問題、そして理解と実践のために必要なことについて触れておこう。

本書は、日本のNPOの理解を深めるためにある。ただそれは、時にステレオタイプともなりがちな固定観念を得るためではない。「非営利」の「組織活動」という言葉から思い起こされがちな先入観がもしあるとすれば、それをあらためて疑うためのものだ。ここまで述べてきたように、NPOがいかに多様で変化のある存在かという面に目を向けたいと思うし、そして、それこそがNPOのあり方だとも言える。NPOのわかりにくさの要因でもある、この変幻自在な移ろいやすさがあればこそ、時代状況や日々のくらしに応じて、さまざまな取り組みを生み出すことを可能にしてきた。NPOが社会イノベーションにとって重要な主体となり得るというのはこのことだ。「ではない存在」としてのNPOは、その社会が向き合うべきこと――しかし往々にして後回しにされていること――を、映し出す鏡のような存在だからこそ、その姿かたちを変えてきた。

NPO法人は一九九八年に生まれた制度的概念だが、同様の活動はそれまでもあり、今日では他の法人形態も存在する。そこに見られるのは、人びとがともに課題と考える出来事に対し、自らその取り組みに参加することだった。人びとの自由な参加が動因である限り、その組織や活動のあり方は変わり得るのは当然のことだろう。その意味で、NPOとは拡散する概念・存在であり、そこで生まれるさまざまな類似の主体を含み込みながらソーシャルセクターとして拡大してきた。

ここでソーシャルセクターと言う場合、そのソーシャルという語には二つの含意がある。もちろんその一つは社会の諸課題そのものであり、ソーシャルセクターはこれに向き合っている。その課題の大きさは関係がない。人びとの尊厳にかかわるが取り残されがちな問題だ。儲かるような課題ではないが、当事者である人びとにとって重要なことだ。

もう一つは、社交を意味するソーシャルだ。ソーシャル・ネットワーキング・サービス（SNS）がそうであるように、立場を超えて人びとを縦横につなぐという含意がある。仲のよいつながりもあるだろうが、越境してつながることができるのがその本意だろう。人びとをつなぎ、参加や支援のかたちで巻き込むことで、社会課題に向き合っている。ソーシャルセクターは、その取り組む内容だけでなく、取り組む方法においてソーシャルなのだ。

既存の方法や基準を問い直す

したがって、そのあり方は、実際の活動のなかで、社会のさまざまな主体との接点で培われる。協働やパートナーシップとして語られることが多い企業や行政とのつながりはその例だ。NPOの行く末を考えるうえでも、特に重要となるのは他のセクターとの協働のあり方だろう。

実際、二〇〇〇年代以降、協働やパートナーシップというキーワードでセクター間の関係構築に関心が集まり、その議論や実践も増え続けている。政府にも市場にも限界があるだけでなく、社会の変容も背景に、NPOの取り組む社会課題に政府も企業も向き合わざるを得ない状況があるからだ。NPOにとっては、活動を展開するための資源としてのみならず、こうした動向は社会的価値の実現の点で基本的には望ましい方向性だと言える。

そのうえで、行政責任の放棄、企業利益のためのNPO利用にもつながりかねない点には注意が必要だ。また、NPOを事業組織の側面だけで捉え、下請的な発想でNPOと仕事をすること、企業人が過去の成功体験や企業マネジメントの常識をそのままNPOに持ち込むことは、時にその本質を脅かしかねない。さらに、NPOも、政府との関係のあり方によっては、全体性への動員となる問題があることは、すでに歴史が示しているところだろう。

前章で述べたように、ＮＰＯと他セクターとの関係は、対抗関係と協調関係の二つの側面がある。重要なことは、対抗と協調の緊張関係のなかで、対等な立場から社会全体に必要な方策を見出すことにある。協働とはそうした創造的な関係を言う。

ただ、理想的にはそうだとしても、そのハードルはまだ高い現実がある。多くの場合、行政にしても企業にしても、ＮＰＯと「どのように接していいかわからない」からだ。また、企業価値の向上や政策上の課題として「社会的な」課題への取り組み状況が問われるなか、ＮＰＯとの協働はそれを「実施している」ことのわかりやすい傍証として利用される実態もあるだろう。企業の社会貢献担当にせよ、行政の協働の担当にせよ、突然その担当者となり、「よいＮＰＯ」と「悪いＮＰＯ」を簡単に判別したいというニーズも起こり得るだろう。このような状況下では、すでに実績あるＮＰＯが手堅い選択肢として選ばれる傾向にある。

ここでＮＰＯの評価の問題が浮上する。評価は、社会的な理解や支持を得ながら活動を行う必要のあるＮＰＯにとって重要だ。ただ、収益や株価のような明確な指標がないＮＰＯは、具体的な活動内容から判断せざるを得ない。そもそも多面的な活動や価値を持つ個々のＮＰＯについて、わかりやすい統一的な指標や目標を適用すること、収益や組織規模のような数値の大小だけでの判断は難しいからだ。環境問題に取り組むＮＰＯと、福祉活動を行うＮＰＯに、その成果や価値を測る指標を同じように適用することは困難だろう。また、まだ十分な実績のない組織をどのように評価するのかの問題もある。

こうした本質的な難しさを認めながらも、活動をよりよく進めるため、さまざまな評価のあり方が模索されてきた。

今日では、個々の事業が行った結果（アウトプット）だけでなく、それがもたらした成果や変化（アウトカム）についての評価や、社会的インパクトに関する評価、財務状況に関する評価など、さまざまな評価手法の開発がある。多くの場合、これらは社会から選ばれるための成果指標でもあるが、「自己評価手法」のように、活動や組織にかかわる人びとが自分たちの状況を振り返るために用いられるものもある。

行政、企業、NPOをまたぐ場の必要性

指標も評価もあくまでも状況を測るツールであり、それ自体が自己目的化しては意味がない。より重要なのは、個々の組織の評価以上に、さまざまな主体がともに取り組む協働の成果をどう評価するかだ。ここで重要な前提となるのは、指標化し評価する際の考え方の相互理解だ。行政組織や企業組織の常識的な組織観でNPOを見ても誤解を生むだけかもしれないし、NPOにとってあたりまえの振る舞いが、対話を遠ざけることがあるかもしれない。NPOが広く信頼を得るためにも、企業や行政の理解を進めるうえでも、そして何より社会

課題の解決を進めるためにも、これらの相互理解は重要だろう。

たとえば、「コレクティブ・インパクト」と呼ばれるように、同じ社会課題に向き合う異なる立場の主体が同じ評価軸を用いることで、その過程を共有し進捗をわかりやすく確認し合うことは、目標達成のために重要だろう。ここでの評価は、NPOを選ぶためのものではなく、課題に向き合う主体がよりよく協働を進め、共有する課題を解決するためのものだ。

こうした考えが出てきたのは、企業や行政が一方の協働相手であるNPOを評価するのではなく、ともに取り組む協働全体を評価する枠組みが求められてきたからだ。そのためには、NPOと企業と行政といったセクターをまたぐ、つまり「クロスセクター」で課題認識や目的を対話によって共有する機会が必要だろう。

クロスセクターでの協働は何も組織間に限る必要はない。むしろNPOの特長は誰もが参加できる点にある。掛け持ちができる組織としてのNPOの特長も活かされるべきだろう。たとえば、企業人であっても、一人の市民として同時にNPOの活動に参加でき、実際にそういう人は増えている。行政職員が、その地域でNPOを立ち上げるケースも実は珍しくない。こうした人の重なりや移動は、相互理解を進めるうえで何より重要だ。

今日では、企業人やNPOスタッフが大学院で学び、その後、異なるセクターで活躍するケースも見られる。また、各地の中間支援組織が開催するワークショップなどにも、セクターにかかわらず参加者がいる。こうした「ともに学ぶ」ことを通じて相互交流と相互理解を進めるのは現実的だろう。その意味では、大学、大学院をはじめとする学ぶ場が、セクターをまたぐプラットフォームとなる可能性はある。

3　分厚い中間集団に——社会と個をつなぎ続ける

中間集団の必要性

二一世紀に入る頃、世界的台頭やさまざまな制度の整備が進み、NPOに注目が集まった。この当時、新しい世紀は市場や政府の支配する世界から脱し、NPOの時代になると言わんばかりの言説もあった。ただ、実際には、多くのNPOは小さくて力の弱い存在のままのように見える。政府や市場と比べると、わかりやすく強固な原理を持つわけではなく、経済的にも政治的にも影響力を発揮できるだけの力を単独で持っているわけでもない。

けれど、この弱さは、取るに足りない存在を意味するわけでは決してない。むしろ、細やかな市民の目線から、時に政府が後回しにしそうなさまざまな課題をいち早く見つけ出し、市場では対応の困難なニーズに応えることができる。そうした存在のある社会は強い。

家族のあり方が多様化し、地域の近隣関係が稀薄になり、雇用が流動化するなかで、こうした「中間集団」の機能喪失によって人は帰属し支え合う場を見失いつつある。特に、こうした場から排除されやすい人びとにとっては、同じ社会の一員として暮らしながら、真っ先にそのリスクにさらされ、その尊厳が脅かされている。

それは、若者や高齢者、障害者、あるいは人種や性的マイノリティの問題として捉えられがちだが、実は違う。かつて一億総中流と呼ばれた日本社会でも格差と孤立が拡がり、実質的に中流階層が減少するなか、このことは誰にとっても他人事ではない。どのように帰属の場と支え合いの関係を用意できるかは、個々人が望むと望まざるとにかかわらず、社会全体が直面するテーマとなっている。

もちろん、ＳＮＳをはじめとする技術とメディアの進展は、多くの人をつなげることを可能にした。それが、他者との出会いを生み、「自分一人ではない」ことを知る重要な機会となり、時に誰かを救っている面は確実にあるに違いない。ただ同時に、人との違いや格差を実感し、さらに分断を進め疎外感を味わうツールともなる。いわば、つながるツールとしての側面と分断するツールとしての側面を併せ持っている。コロナ禍で対面接触が制限されることで進んだテレワークや遠隔授業でも、仕事を効率的にして人びとを楽にしてくれた側面と、不安や疎外感を増大して人びとを苦しくさせた側面の両方を経験した。

ＳＮＳでのコミュニケーションがそうであるように、個々人は、社会全体に対して、いわ

斜面地・空き家活用団体つくる（長崎）　地域の居場所は、つくる過程もコミュニティデザインにとって大切だ。写真は古民家を改修した「つくる邸」

ば丸腰か丸裸のような状態に置かれることとなる。そこには緩衝帯も安全柵も調整する場もない。自分の立ち居振る舞いは、直球で社会にさらされ、いわばノーバウンドで自分自身に跳ね返ってくるようなものだ。あるいは、声の大きい人や全体の雰囲気に一気に傾いてしまう風潮もある。いずれも、緩衝帯を担っていた中間集団の消失からくるつらさや危うさだと言える。

誰のためにあるのか

こうしたことを「自分には関係のないこと」と思っている人にとっても、実はもはや他人事ではない時代となっている。排除される人が明日の自分である可能性は十分あり、すでに気づかないうちに排除されているかもしれない。あるいは無意識に排除する側に立っていることが、気がつけばその立場となっていることもあろう。それくらい排除する側とされる側の境界は曖昧だ。そうしたなかにあっても、身近で手を差し伸べてくれる存在は期待できない現実がある。

自分たちがつくってきた社会が、自身を脅かすようになるのは皮肉な話だが、それは中間集団という個々人と社会をつなぐ経路が、か細くなっているからだ。あるいは、それが構築する社会そのものが消失しつつあるのかもしれない。逆に言えば、この経路を再び開くことができるかどうかが、今後の社会を構想するうえで重要なのだ。

もちろん先述のように、喪失したものすべてをＮＰＯが代替するのは不可能であることは先に理解しておく必要がある。しかし、社会のさまざまな課題に寄り添い、他者の問題をともに分かちあい、それぞれが思い思いに参加できる場として、社会にＮＰＯという経路が存在することは一つの現実解なのかもしれない。個々の社会課題と人びとの置かれた状況ごとに相互依存しながら、個人と社会をつなぐ経路が、多様なあり方で必要だからだ。

このような観点からは、ＮＰＯとは、必ずしもすべての組織が政府と伍する存在でなくてもよい。すべてのＮＰＯが企業と張り合うほどの事業規模を目指す必要もない。もちろん、力を持った巨大なＮＰＯも必要であり、それらの果たす役割は間違いなく大きい。実際に、世界的にそうした組織が増えてきており、今後もそうした組織の果たす役割はますます大きくなるだろう。ただし、そうでないＮＰＯを取るに足りない存在と見なす必要も、あらゆる組織が大きさや強さを目指す必要もないだろう。中間集団としてのＮＰＯは、小さいことも、弱いことも、一つの重要な価値だと言えるからだ。

移ろいやすく、弱い組織であるNPOは、たとえ個々にそうであっても、それが重層的に分厚い中間集団を形成するのであれば、その社会はしなやかで強いものとなるだろう。こうした意味で、NPOとは「誰かのための組織」であると同時に、不完全で、弱く、支え合わないと生きていけない「わたしたちのための組織」なのだ。

「傍観者とはならない」生き方

NPOに関する話題や議論は、とかく規範論や技術論に行きがちだ。NPO論と呼ばれる研究分野も、そのような流れで発展してきた側面がある。そうした議論のせめぎ合いのなかからNPOへの理解も進むため、いずれも大事なことだ。

ただ、往々にして、その議論が大上段になると、そこでの「わたし」の存在が稀薄になる。NPOの設立も、参加も支援も、しなければならないものでも、誰かに強制されるものでもない。それにより巨額の富を得るわけでもないし、何かを支配できる力を持てるわけでもない。きっかけはあれども、どのように参加するかも含め、そこは自由意志によるものだ。

したがって、NPOにかかわろうとする背景には、個々人が抱く何らかの想いや願い、問題意識や憤り、あるいは理想や夢のようなものが大きい。こうした人の感性や感情、何かに共感する心の動きこそがNPOを生み動かす重要な動因となっている。それを捨象してNPO

を理解しようとしてもリアリティがない。

個々人の背景は多様に違いないが、その気持ちの発露に共通しているのは、何らかの社会課題や問題状況や他者の境遇に対して、明確に共感やコミットメントを表明していることだろう。あるいは、自分や身の回りの現状も含め、こうありたい、あるべきだと考える社会像について、その方向性を主体的に選び表現しているとも言える。つまり、ある活動への参加や支援は、自分はその問題やビジョンに無関心でも無関係でもないことを示す明確な態度表明に他ならない。

環境問題という人類の未来にとって避けられない問題を無視しない。紛争地からの難民の姿にショックを受けた。支えの乏しいなかで子育てをする親のためにできることをしたい。一人暮らしの高齢者の生活はとても他人事とは思えない、など。こうしたことは、理屈の問題だけでなく、たとえ自分一人では解決できない問題であったとしても、「わたしは、この問題に無関心ではない」「この人たちの考えや行動に賛同したい」「この状況を是としない」「わたしたちはここに向き合うべきだと思う」といった、共感に基づく想いや理念がその土台にある。

このように、「わたし」を起点にすれば、NPOの設立も、そこへの参加も支援も、規模の大小によらず、たとえどのようなかかわり方であっても、それが意味するのは、「自分はそのことに無関心ではない」とする態度や意思の表明である。そしてまた、その問題への関心を示すと同時に、同じように集う人びとや、その課題の当事者へのコミットメントの表明であるとも言える。「社会とつながる」とは、こうしたことから始まるのではないだろうか。

もちろん、課題の渦中にある当事者とは、まったく同じ立場ではないかもしれない。どうしても支援する側とされる側の不平等な関係構造はあるだろうし、その問題性については、一段落を分けてでも強調しておく必要がある。

しかし、社会の抱える困難や他者が直面する境遇を政策やビジネスの「対象」として切り離すのと、それを自分と地続きだとする態度は異なる。

ヒューマンサービスでは課題の当事者がNPOを作ることは珍しくはないし、環境問題もまちづくりでも、そのなかに自分自身が含まれている点で、もしくは破壊者という意味でも創造者という意味でも、まさに課題の当事者である。自分自身も他者の支えが必要な存在かもしれないし、やがてそうなるかもしれず、今日の状況ではその可能性は十分に高いとも言える。このように、NPOにとっては、社会課題にせよ、その渦中の人にせよ、それらは外在的にあるのではなく、内包している関係にある。課題の対象化ではなく、課題の分かちあいなのだと言えるだろう。つまり、NPOにかかわることは、「傍観者とはならない」生き方を選ぶことなのである。

もちろん、そのかかわり方は、新たにＮＰＯを立ち上げることだけではない。身近にもあるはずの多様な姿かたちのＮＰＯに目を向けることから始め、もし関心の近い活動があれば参加する方法もある。あるいは、寄付やボランティアとして支援する方法もあるだろう。働きながらでも、学びながらでも、あるいはそれを行き来することもできる。自分の持つものを少し分かちあうことは誰にでも可能だ。

あとがき

「ＮＰＯとは何なのですか？」

編集部の白戸直人さんから発せられたこんな問いから、この本の企画が始まりました。ＮＰＯなどのソーシャルセクターを研究してきた身にとって、一瞬ひるむ質問です。簡単なようで、簡単に応答しようとするほど難しくなるからです。ＮＰＯの研究者も、活動されている皆さんも、実は一番身構えてしまう質問ではないのかな、という気もします。

いまや日本社会にも、この語はあたりまえに存在しています。だから、こういう組織のことだねと、イメージを持たれている方も多いでしょう。でもそれは、どこかで見聞きする特定の組織の活動イメージなのであって、ＮＰＯ全体がそうであるかはわかりません。

非営利にせよ非政府にせよ、「非ず《あら》」という名を背負い、××でない組織群を、まとめて〇〇の組織だと説明するのは大変なことです。いや、正確にはそれを多くの人が努力してきましたし、研究も活動も、こうした自分探しを原動力に飛躍的に進展してきたとも言えます。

それでも、いまだ「うまく言い当てられていない」と、感じることも少なくありません。新しい類似の概念が次々と生まれているのは、その証左でしょう。NPOとは何だろうと素朴に思う人にとって、こうした複雑さは「ちょっとした近づきがたさ」を感じさせるものです。

実は、私自身も、この一見よくわからない存在のことを深く理解したいと思い、手探りでNPO研究を始めました。一九九〇年代前半なので、「ボランティア元年」直前のことです。いま以上に説明を要したNPOの活動に深く接するにつれ、一層不思議に、そして魅力的に感じるようになりました。NPOの役割や成果を問う以前の話として、人が社会をつくっていく基本的な原理が隠れているのではないか、とも考えました。

社会学も経済学も政治学も、それぞれのアプローチでこの存在に迫ります。政策上も、福祉や環境やまちづくりの部署ごとにNPOが登場します。そして、このわずか四半世紀ほどで、それぞれ多くの経験と知見を蓄積してきたことは強調しておきたいと思います。

しかし、この複雑な存在は、こうした「枠組み」にうまく収まりきれない側面があります。上手に収めようとすると、すり抜けていくような存在です。それは、NPOが、その本質において越境していく存在だからなのでしょう。従来の制度や常識や慣習では対処できないことに向き合うのがNPOですから、それは当然のこととも言えます。

このようなわけで、この本では、複雑なものを簡単に説明することよりも、なぜ複雑に見えるのかの方に関心の重心を置くことにしました。一言で言い表せない組織が、この社会に多様に存在することの面白さや大切さについて、目を向けてみたいと思います。この複雑さこそ、さまざまな事柄を包摂することにつながるのだと考えます。

ＮＰＯは、社会や制度から取り残されてしまいそうな人にとって最後の砦《とりで》となる組織です。あるいは、明らかに対応せねばならないのに、立場と利害の狭間で膠着《こうちゃく》する状況のなかで、最後まで大事なことを主張する組織です。そして同時に、誰もがそれぞれの出番と居場所に出会える場でもあります。この本の根底にある問題意識は、日本社会のなかで、豊かな中間集団をつくるにはどうしたらよいかということです。そんな途方もないことは政府にでも任せておけばよいと思うかもしれません。しかし、ＮＰＯは、政府の振る舞いとは別のところで、日々着実にこのことを実行しているのです。

＊

多くの方のお力添えでこの本を世に出すことになります。

まず、この本の実質的な中身は、さまざまな機会にご一緒するＮＰＯ研究者や実践者の皆さんの存在なしにはあり得ません。日本のＮＰＯ黎明期《れいめいき》から牽引された方々、（おそらく私と似たような問題意識を持つ）同世代の面々、これからを担う若手の皆さん、執筆しながら頭に浮かんだのはこうした方々の仕事です。これまで参加した研究プロジェクトなどの仲間からの気づきもあります。新書の性質上、本文で逐一言及できませんが、本書に織り込まれているこうした重要な仕事は、できるだけ巻末の文献リストにあげました。

また、同僚や仕事でご一緒する皆さんにも感謝を。私の勤務する慶應義塾大学湘南藤沢キャンパス（SFC）では、いつも異分野の方々とともに過ごしています。専門の社会学やNPO研究のなかの刺激とはまた違い、異分野のなかにいると、常に、それはどんな意味があるのか、との問いを背負います。そう考えると、知らない人にこそ理解してもらいたいというこの本の動機は、SFCの環境の賜物かもしれません。特に、大学院プロジェクトや社会イノベータコースで日々ご一緒している皆さん。また清水唯一朗《ゆいちろう》さんは白戸さんとの縁をつないで下さり、後藤励《れい》さんには貴重なコメントを頂きました。ありがとうございます。

SFCには、NPOを立ち上げたり、熱心に活動するとても多くの学生や院生がいます。こうしたなかでは、私は、先に行く学生たちの活動を追いかける存在です。この本の出来についても、ぜひ厳しく評価してもらおうと思っています。

あらためて痛感するのは、恩師の影響の大きさです。故人を含め、江藤淳先生、加藤寛先生、丸尾直美先生、井関利明先生、金子郁容先生、そして師である富永健一先生は、ある意味で、冒頭の問いを容赦なく私にぶつけてきた手強い存在でもありました。お答えになるかはわかりませんが、この本をささやかなご報告としたいと思います。もちろん、書名を含め、本書がこうして世に出るのは、白戸さんと編集部の皆さんのおかげです。

最後に、そして何より、NPOで日々活動を行う数多くの皆さんと、それを支える皆さんに。あたりまえのことですが、そもそも皆さんの存在なしにこの本は成立しません。折に触れ話をうかがうたびに、学問に対する挑戦を受けているような気分になります。それは、皆さんの活動や組織が、社会のあり方や抱える課題への向き合い方に対し、本質的な問いかけをしているからだと思います。敬意とともに、心より感謝申し上げます。

以上、一人ひとりお名前をすべてあげることはできませんが、特に記すことで感謝が届けばと願っています。そして、いつも支えてくれている家族、妻の香にも感謝を。

二〇二四年三月一一日

宮垣　元

JSPS科研費（19K02136, 24K05289）、慶應義塾福澤基金と学事振興資金など、研究助成にも支援頂きました。ここに記して感謝申し上げます。

参考文献

邦文

日本のNPO研究も急速に進展してきている。その主要なものは、入手性の高い書籍を中心に、本文でも言及している。このリストでは、すべてを網羅しているわけではないものの、本書で参考とした日本のNPO研究の主要業績を、幅広く俯瞰できるよう配慮した。なお、本書との関連で重要と思われる単・共著の書籍に★を附した。

秋山美紀・宮垣元編、二〇二二、『ヒューマンサービスとコミュニティ：支え合う社会の構想』、勁草書房

安立清史、二〇〇八、『福祉NPOの社会学』、東京大学出版会★

安立清史、二〇〇八、「福祉NPOとソーシャルキャピタル、コミュニティ形成」『日本都市社会学会年報』26:39-51

渥美公秀、二〇一四、『災害ボランティア：新しい社会へのグループ・ダイナミックス』、弘文堂

雨森孝悦、二〇二〇、『テキストブックNPO：非営利組織の制度・活動・マネジメント［第三版］』、東洋経済新報社

池田謙一編、一九九七、『ネットワーキング・コミュニティ』、東京大学出版会

池田浩士、二〇一九、『ボランティアとファシズム：自発性と社会貢献の近現代史』、人文書院

石川英輔・田中優子、一九九六、『大江戸ボランティア事情』、講談社

石田祐、二〇一九、「災害復興とNPO：公共サービスの担い手としての課題」『公共選択』71: 99-118

今田忠編、二〇〇六、『日本のNPO史：NPOの歴史を読む、現在・過去・未来』、ぎょうせい

今田忠（岡本仁宏補訂）、二〇一四、『概説市民社会論』、関西学院大学出版会★

岩崎信彦・鵜飼孝造・浦野正樹・辻勝次・似田貝香門・野田隆・山本剛郎編、一九九九、『阪神・淡路大震災の社会学 第一〜三巻』、昭和堂

岩本裕子、二〇一一、「社協と民間ボランティアセンターの関係に見る社協ボランティアセンターの課題：歴史的経緯と設立時の論争が、現代に問いかけるもの」『人間福祉学研究』4（1）：105-117

上野千鶴子・電通ネットワーク研究会編、一九八八、『「女縁」が世の中を変える：脱専業主婦のネットワーキング』、日本経済新聞社

上野千鶴子、二〇〇八、『「女縁」を生きた女たち』、岩波書店

上野真城子、一九八七、「アメリカの地域社会とボランタリズム：ノン・プロフィット・オーガニゼーションの活動をめぐって」『日本家政学会誌』38（12）：1127-1131

後房雄、二〇〇九、『NPOは公共サービスを担えるか：次の10年への課題と戦略』、法律文化社★
後房雄・坂本治也編、二〇一九、『現代日本の市民社会：サードセクター調査による実証分析』、法律文化社
内片孫一、一九三二、「隣保事業に於けるヴオランチアの役割」『社会事業』第16巻第4号
大阪ボランティア協会編、一九七四、『ボランティア活動の理論：ボランティア活動文献資料集』、大阪ボランティア協会
大阪ボランティア協会編、一九八一、『ボランティア：参加する福祉』、ミネルヴァ書房
大阪ボランティア協会編、二〇一四、『歴史をつくった市民たち：語り下ろし市民活動』、大阪ボランティア協会
大阪ボランティア協会ボランタリズム研究所監修、二〇一四［二〇二二］、『日本ボランティア・NPO・市民活動年表［増補改訂版］』、明石書店
大橋正明・利根川佳子編、二〇二一、『NPO・NGOの世界』、放送大学教育振興会
大畑裕嗣・成元哲・道場親信・樋口直人編、二〇〇四、『社会運動の社会学』、有斐閣
大森彌、一九八二、「現代に甦るコミュニティ」（奥田道大・大森彌・越智昇・金子勇・梶田孝道『コミュニティの社会設計：新しい《まちづくり》の思想』、有斐閣）
岡田彩、二〇二〇、「NPO広告をデザインする：ビジュアルとテキストの効果的な利用に向けて」『ノンプロフィット・レビュー』20（1）:41-54
岡部一明、二〇〇〇、『サンフランシスコ発：社会変革NPO』、御茶の水書房
岡本仁宏編、二〇一五、『市民社会セクターの可能性：110年ぶりの大改革の成果と課題』、関西学院大学出版会
奥井復太郎、一九四〇、『現代大都市論』、有斐閣
小田切康彦、二〇一四、『行政―市民間協働の効用：実証的接近』、法律文化社★
小田切康彦、二〇一九、「非営利組織の財源とミッション・ドリフト」（後房雄・坂本治也編『現代日本の市民社会：サードセクター調査による実証分析』、法律文化社）
恩田守雄、二〇〇六、『互助社会論：ユイ、モヤイ、テツダイの民俗社会学』、世界思想社
柏木宏、二〇〇八、『NPOと政治：アドボカシーと社会変革の新たな担い手のために』、明石書店★
柏木宏編、二〇二〇、『コロナ禍における日米のNPO：増大するニーズと悪化する経営へのチャレンジ』、明石書店
加藤寛・中村まづる、一九九四、『総合政策学への招待』、有斐閣
加藤寛・丸尾直美編、二〇〇二、『福祉ミックスの設計：「第三の道」を求めて』、有斐閣
金谷信子、二〇二二、『介護サービスと市場原理：効率化・質と市民社会のジレンマ』、大阪大学出版会
金子郁容、一九八六、『ネットワーキングへの招待』、中央公論社
金子郁容、一九九二、『ボランティア：もうひとつの情報社会』、岩波書店★
川口清史・富沢賢治編、一九九九、『福祉社会と非営利・協同セクター：ヨーロッパの挑戦と日本の課題』、日本経済評論社

小嶋 新・宮垣元、二〇二二、「NPO法人における収益構造の15年間の変容：法人財務データに基づく類型化とその特性」『ノンプロフィット・レビュー』22（1）：49-60

小島廣光、一九九八、『非営利組織の経営：日本のボランティア』、北海道大学図書刊行会

琴坂将広・宮垣 元編、二〇二三、『社会イノベーションの方法と実践（シリーズ総合政策学をひらく）』、慶應義塾大学出版会

坂本治也、二〇一〇、『ソーシャル・キャピタルと活動する市民：新時代日本の市民政治』、有斐閣★

坂本治也編、二〇一七、『市民社会論：理論と実証の最前線』、法律文化社

坂本治也・秦正樹・梶原晶、二〇二〇、「NPOへの参加はなぜ忌避されるのか：コンジョイント実験による忌避要因の解明」『年報政治学』71（2）：303-327

桜井政成、二〇一九、「日本の社会学におけるNPO・ボランティア研究動向」『ノンプロフィット・レビュー』19（1・2）：13-22

桜井政成、二〇二一、『福祉NPO・社会的企業の経済社会学：商業主義化の実証的検討』、明石書店

佐々木毅・金泰昌編、二〇〇二、『公共哲学7：中間集団が開く公共性』、東京大学出版会

佐藤一子編、二〇〇四、『NPOの教育力：生涯学習と市民的公共性』、東京大学出版会

佐藤慶幸、二〇〇二、『NPOと市民社会：アソシエーション論の可能性』、有斐閣

椎野修平、二〇二〇、「NPOと行政の協働：市民主権をかたちにする協働とは」（宮垣 元編『入門ソーシャルセクター：新しいNPO／NGOのデザイン』、ミネルヴァ書房）

塩澤修平、二〇一八、『社会貢献の経済学：NPOとフィランソロピー』、芦書房

重田康博、二〇一七、『激動するグローバル市民社会：「慈善」から「公正」への発展と展開』、明石書店

柴田善守、一九七八、「社会福祉半世紀の回顧と展望：民間社会福祉」『月刊福祉』61（12）：10-15

震災復興市民検証研究会編、二〇〇一、『市民社会をつくる：震後KOBE発アクションプラン』、市民社会推進機構

震災10年市民検証研究会編、二〇〇五、『阪神・淡路大震災10年：市民社会への発信』、文理閣

菅野拓、二〇二〇、『つながりが生み出すイノベーション：サードセクターと創発する地域』、ナカニシヤ出版★

鈴木勇・菅磨志保・渥美公秀、二〇〇三、「日本における災害ボランティアの動向：阪神・淡路大震災を契機として」『実験社会心理学研究』42（2）：166-186

鈴木淳、二〇〇四、『関東大震災：消防・医療・ボランティアから検証する』、筑摩書房

鈴木純、二〇一四、『経済システムの多元性と組織』、勁草書房★

鈴木純・宮垣元・山本圭三・猿渡 壮・西岡暁廣、二〇一九、「NPO法20年目における非営利組織の構造と動態：ネットワークの視点から」『経済社会学会年報』41：55-57

鈴木広、一九八七、「ヴォランティア的行為における〝K〟パターンについて：福祉社会学的例解の素描」『哲學年報』46：13-32

須田木綿子、二〇一一、『対人サービスの民営化：行政―営利―非営利の境界線』、東信堂★
田尾雅夫、一九九九、『ボランタリー組織の経営管理』、有斐閣★
田尾雅夫・川野祐二編、二〇〇四、『ボランティア・NPOの組織論：非営利の経営を考える』、学陽書房
田尾雅夫・吉田忠彦、二〇〇九、『非営利組織論』、有斐閣
高木修、一九九八、『人を助ける心：援助行動の社会心理学』、サイエンス社
高田昭彦、二〇一八、『市民運動としてのNPO：1990年代のNPO法成立に向けた市民の動き』、風間書房
高見裕一、一九九八、『出る杭になる：NGOでメシを食う！』、築地書館
田中弥生、二〇一一、『市民社会政策論：3・11後の政府・NPO・ボランティアを考えるために』、明石書店
谷川貞夫、一九三七、「社会事業に於けるヴオランテイアに就いて」『社会事業研究』第25巻第10号
谷本寛治編、二〇〇六、『ソーシャル・エンタープライズ：社会的企業の台頭』、中央経済社
塚本一朗・関正雄・馬場英朗編、二〇二三、『インパクト評価と価値創造経営：SDGs・ESG時代におけるサステナブルな価値創造の好循環をめざして』、第一法規
辻中豊・坂本治也・山本英弘編、二〇一二、『現代日本のNPO政治：市民社会の新局面』、木鐸社
電通総研編、一九九六、『民間非営利組織NPOとは何か：社会サービスの新しいあり方』、日本経済新聞社
東京ボランティア・センター編、一九九一、『ボランティア活動の本質的性格（要約）・ボランティアに関する文献集録・解題』
富沢賢治・川口清史編、一九九七、『非営利・協同セクターの理論と現実：参加型社会システムを求めて』、日本経済評論社
富田正文、一九九二、『考証　福澤諭吉』（上下巻）、岩波書店
富永健一、一九八六、『社会学原理』、岩波書店
富永健一、一九九五、『社会学講義：人と社会の学』、中央公論社
富永健一、二〇〇一、『社会変動の中の福祉国家：家族の失敗と国家の新しい機能』、中央公論新社
中村安希、二〇一六、『N女の研究』、フィルムアート社
西山志保、二〇〇七、『ボランティア活動の論理：ボランタリズムとサブシステンス［改訂版］』、東信堂★
似田貝香門編、二〇〇八、『自立支援の実践知：阪神・淡路大震災と共同・市民社会』、東信堂
似田貝香門・吉原直樹編、二〇一五、『震災と市民1：連帯経済とコミュニティ再生／2：支援とケア』、東京大学出版会
仁平典宏、二〇〇三、「「ボランティア」とは誰か：参加に関する市民社会論的前提の再検討」『ソシオロジ』48（1）：93-109
仁平典宏、二〇一一、『「ボランティア」の誕生と終焉：〈贈与のパラドックス〉の知識社会学』、名古屋大学出版会★
日本青年奉仕協会「日本のボランティア」編集委員会編、一九八八、『交響するネットワーキング：日本のボランティア'88』、LGC総合研究所
野中郁次郎・廣瀨文乃・平田透、二〇一四、『実践ソーシャル

参考文献

イノベーション：知を価値に変えたコミュニティ・企業・NPO』、千倉書房
萩原なつ子、二〇〇九、『市民力による知の創造と発展：身近な環境に関する市民研究の持続的展開』、東信堂★
長谷川公一、二〇〇三、『環境運動と新しい公共圏：環境社会学のパースペクティブ』、有斐閣
初谷勇、二〇〇一、『NPO政策の理論と展開』、大阪大学出版会★
ばななぼうと実行委員会編、一九八六、『ばななぼうと：もうひとつの生活を創るネットワーカーズの舟出』、ほんの木
埴淵知哉、二〇一一、『NGO・NPOの地理学』、明石書店★
馬場宏二、二〇〇一、『会社という言葉』、大東文化大学経営研究所
林雄二郎・山岡義典、一九八四、『日本の財団：その系譜と展望』、中央公論社
原田晃樹・藤井敦史・松井真理子、二〇一〇、『NPO再構築への道：パートナーシップを支える仕組み』、勁草書房★
原田峻、二〇二〇、『ロビイングの政治社会学：NPO法制定・改正をめぐる政策過程と社会運動』、有斐閣★
原田隆司、二〇一〇、『ポスト・ボランティア論：日常のはざまの人間関係』、ミネルヴァ書房
久塚純一・岡沢憲芙編、二〇〇六、『世界のNPO：人と人との新しいつながり』、早稲田大学出版部
福田アジオ編、二〇〇六、『結衆・結社の日本史』、山川出版社
藤井敦史・原田晃樹・大高研道編、二〇一三、『闘う社会的企業：コミュニティ・エンパワーメントの担い手』、勁草書房
藤田研二郎、二〇一九、『環境ガバナンスとNGOの社会学：生物多様性政策におけるパートナーシップの展開』、ナカニシヤ出版★
堀田力・雨宮孝子編、一九九八、『NPO法コンメンタール：特定非営利活動促進法の逐条解説』、日本評論社
本間正明・出口正之編、一九九六、『ボランティア革命：大震災での経験を市民活動へ』、東洋経済新報社
松井孝治、二〇二三、「「新しい公共」概念とその政策形成過程を振り返る：阪神・淡路大震災から民主党政権に至る道筋」（琴坂将広・宮垣元編『社会イノベーションの方法と実践』、慶應義塾大学出版会）
松本渉、二〇一六、「日本・米国・韓国における社会貢献の意識と行動の国際比較：二種類のモードからなる市民社会調査の連鎖的な比較」『情報研究』43: 43-64
丸尾直美・宮垣元・矢口和宏編、二〇一六、『コミュニティの再生：経済と社会の潜在力を活かす』、中央経済社
三谷はるよ、二〇一三、「ボランティア活動者の動向：阪神・淡路大震災と東日本大震災の比較から」（桜井政成編『東日本大震災とNPO・ボランティア』、ミネルヴァ書房）
三谷はるよ、二〇一四、「「市民活動参加者の脱階層化」命題の検証：1995年と2010年の全国調査データによる時点間比較分析」『社会学評論』65（1）: 32-46
三谷はるよ、二〇一六、『ボランティアを生みだすもの：利他の計量社会学』、有斐閣★
道場親信、二〇〇六、「1960—70年代「市民運動」「住民運動」の歴史的位置：中断された「公共性」論議と運動史的文脈をつなぎ直すために」『社会学評論』57（2）: 240-258
美根慶樹編、二〇一一、『グローバル化・変革主体・NGO：

世界におけるNGOの行動と理論』、新評論
宮垣元、一九九九、「コミュニティ・デザイン：コミュニティからコモンズへ」（加藤寛監修『ライフデザイン白書２０００―０１』、ライフデザイン研究所）
宮垣元、二〇〇〇、「われわれの顧客は誰か」（P．F．ドラッカー・G．J．スターン編・田中弥生監訳『非営利組織の成果重視マネジメント』、ダイヤモンド社）
宮垣元、二〇〇三、『ヒューマンサービスと信頼：福祉NPOの理論と実証』、慶應義塾大学出版会
宮垣元、二〇二〇、「民間非営利組織の25年：兵庫県NPO調査からみる事業組織化の実態と影響」『問題と研究』49（1）:67-98
宮垣元、二〇二〇、『その後のボランティア元年：NPO・25年の検証』、晃洋書房
宮垣元編、二〇二〇、『入門ソーシャルセクター：新しいNPO／NGOのデザイン』、ミネルヴァ書房★
宮台真司、二〇一四、『私たちはどこから来て、どこへ行くのか』、幻冬舎
山内直人、一九九七、『ノンプロフィット・エコノミー：NPOとフィランソロピーの経済学』、日本評論社★
山内直人、二〇〇四、『NPO入門［第二版］』、日本経済新聞社
山岡義典、一九九七、「NPOの意義と現状」（山岡義典編『NPO基礎講座：市民社会の創造のために』、ぎょうせい）
山岡義典、一九九九、「ボランタリーな活動の歴史的背景」（内海成治・入江幸男・水野義之編『ボランティア学を学ぶ人のために』、世界思想社）
山岡義典、一九九九、『時代が動くとき：社会の変革とNPOの可能性』、ぎょうせい★
山下祐介・菅磨志保、二〇〇二、『震災ボランティアの社会学：〈ボランティア＝NPO〉社会の可能性』、ミネルヴァ書房
吉田忠彦、二〇〇九、「日本ネットワーカーズ会議と日本におけるNPO概念の形成」『生駒経済論叢』7（1）：699-712
米澤旦、二〇一七、『社会的企業への新しい見方：社会政策のなかのサードセクター』、ミネルヴァ書房★
渡邊奈々、二〇〇五、『チェンジメーカー：社会起業家が世の中を変える』、日系BP社

英　文

Akerlof, George A., 1970, “The Market for "Lemons": Quality Uncertainty and the Market Mechanism”, *The Quarterly Journal of Economics* 84(3): 488-500
Anheier, Helmut K. & Stefan Toepler, 2022, *Nonprofit Organizations: Theory, Management, Policy(3rd ed)*, Routledge
Anheier, Helmut K. & Ben-Ner, Avner (eds.), 2003, *The Study of Nonprofit Enterprise: Theories and Approaches*, Springer
Aldrich, Daniel. P., 2019, *Black Wave: How Networks and Governance Shaped Japan’s 3/11 Disasters*, The University of Chicago Press（飯塚明子・石田祐訳『東日本大震災の教訓：復興におけるネットワークとガバナンスの意義』、ミネルヴァ書房、二〇二一）
Arrow, Kenneth J., 1963, “Uncertainty and the Welfare Economics of Medical Care”, *The American Economic Review* 53(5): 941-

973
Barnard, Chester I., 1938, *The Functions of the Executive*, Harvard University Press（山本安次郎・田杉競・飯野春樹訳『新訳 経営者の役割』ダイヤモンド社、一九六八）
Ben-Ner, Avner, 1986, "Non-Profit Organizations: Why Do They Exist in Market Economies?"(Rose-Ackerman, S,(eds.), *The Economics of Nonprofit Institutions*, Oxford University Press): 94-113
Ben-ner, Avner & Hoomissen, T. V., 1993, "Nonprofit Organizations in the Mixed Economy: A Demand and Supply Analysis", Ben-ner, Avner & Gui, B.(eds.), *The Nonprofit Sector in the Mixed Economy*, Univ of Michigan Press : 27-58
Ben-Ner, Avner, Ren, T. & Paulson, D. F., 2011, "A Sectoral Comparison of Wage Levels and Wage Inequality in Human Services Industries", *Nonprofit and Voluntary Sector Quarterly* 40(4): 608-633
Borzaga, Carlo & Defourny, Jacques (eds.), 2001, *The Emergence of Social Enterprise*, Routledge（内山哲朗・石塚秀雄・柳沢敏勝訳『社会的企業：雇用・福祉のＥＵサードセクター』日本経済評論社、二〇〇四）
DiMaggio Paul J. & Anheier, Helmut K., 1990, "The Sociology of Nonprofit Organizations and Sectors", *Annual Review of Sociology* 16: 137-159
Drucker, Peter F., 1985, *Innovation and Entrepreneurship*, Harper & Row（小林宏治監訳『イノベーションと企業家精神：実践と原理』ダイヤモンド社、一九八五）
Drucker, Peter F., 1987, "Social Innovation: Management's New Dimension", *Long Range Planning* 20(6): 29-34
Drucker, Peter F., 1990, *Managing the Non-profit Organization*, Harper Collins（上田惇生・田代正美訳『非営利組織の経営：原理と実践』ダイヤモンド社、一九九一）
Drucker, Peter F., 1993, *Post-Capitalist Society*, Butterworth-Heinemann（上田惇生・田代正美・佐々木実智男訳『ポスト資本主義社会：21世紀の組織と人間はどう変わるか』ダイヤモンド社、一九九三）
Drucker, Peter F. & Stern, Gary J., 1998, *The Drucker Foundation Self-Assessment Tool: Process Guide & Participant Workbook*, Jossey-Bass（田中弥生監訳『非営利組織の成果重視マネジメント：ＮＰＯ・行政・公益法人のための「自己評価手法」』ダイヤモンド社、二〇〇〇）
Esping-Andersen, G., 1990, *The Three Worlds of Welfare Capitalism*, Polity Press（岡沢憲芙・宮本太郎監訳『福祉資本主義の三つの世界：比較福祉国家の理論と動態』ミネルヴァ書房、二〇〇一）
Evers, Adalbert & Laville, Jean-Liuis (eds.), 2004, *The Third sector in Europe*, Edward Elgar（内山哲朗・柳沢敏勝訳『欧州サードセクター：歴史・理論・政策』日本経済評論社、二〇〇七）
Frumkin, Peter., 2005. *On being nonprofit: A conceptual and policy primer*, Harvard University Press
Haerpfer, C., Inglehart, R., Moreno, A., Welzel, C., Kizilova, K., Diez-Medrano J., M. Lagos, P. Norris, E. Ponarin & B. Puranen (eds.), 2022, *World Values Survey: Round Seven - Country-Pooled Datafile Version 5.0*

Hansmann, Henry B., 1980, "The Role of Nonprofit Enterprise", *The Yale Law Journal* 89(5): 835-901
James, Estelle, 1987, "The Nonprofit Sector in Comparative Perspective", Powell, Walter W.,(ed.), *The Nonprofit Sector: A Research Handbook*, Yale University Press
James, Estelle & Rose-Ackerman, Susan, 1986, *The Nonprofit Enterprise in Market Economics,* Harwood Academic Publishers（田中敬文訳『非営利団体の経済分析：学校、病院、美術館、フィランソロピー』、多賀出版、一九九三）
Kotler, Philip, 1975［1982］, *Marketing for Nonprofit Organizations*, Prentice-Hall（井関利明監訳『非営利組織のマーケティング戦略：自治体・大学・病院・公共機関のための新しい変化対応パラダイム』、第一法規出版、一九九一）
Lipietz, Alain, 2001, *Pour le tiers secteur: L'économie sociale et solidaire : pourquoi et comment*, La Découverte（井上泰夫訳『サードセクター：「新しい公共」と「新しい経済」』、藤原書店、二〇一一）
Lipnack, Jessica & Stamps, Jeffrey, 1982, *Networking,* Ron Bernstein Agency（社会開発統計研究所訳『ネットワーキング：ヨコ型情報社会への潮流』、プレジデント社、一九八四）
McCullough, Michael E., 2020, *The Kindness of Strangers : How a Selfish Ape Invented a New Moral Code*, Basic Books（的場知之訳『親切の人類史：ヒトはいかにして利他の心を獲得したか』、みすず書房、二〇二三）
Mulgan, Geoff., 2019, *Social Innovation: How Societies Find the Power to Change,* Policy Press（青尾謙訳『ソーシャル・イノベーション：「社会を変える」力を見つけるには』、ミネルヴァ書房、二〇二二）
Okada, Aya & Ishida, Yu, 2022, "Nonprofit Education in Japan: Trace of Expansion and New Directions", *Journal of Nonprofit Education and Leadership* 12(3): 17-33
Ott, Steven J. & Dicke, Lisa (eds.), 2021, *The Nature of the Nonprofit Sector (4th ed)*, Routledge
Pekkanen, Robert, 2006, *Japan's Dual Civil Society: Members Without Advocates*, Stanford University Press（佐々田博教訳『日本における市民社会の二重構造：政策提言なきメンバー達』、木鐸社、二〇〇八）
Pestoff, Victor A., 1998, *Beyond the Market and State: Social Enterprises and Civil Democracy in a Welfare Society,* Ashgate Pub（藤田暁男・川口清史・石塚秀雄・北島健一・的場信樹訳『福祉社会と市民民主主義：協同組合と社会的企業の役割』、日本経済評論社、二〇〇〇）
Polanyi, Karl, 1977, *The Livelihood of Man*, Academic Press（玉野井芳郎・栗本慎一郎訳『人間の経済1 市場社会の虚構性』、玉野井芳郎・中野忠訳『人間の経済2 交易・貨幣および市場の出現』、岩波書店、一九八〇）
Powell, Walter W. & Bromley Patricia (eds.), 2020, *The Nonprofit Sector: A Research Handbook*, Stanford University Press
Rose-Ackerman Susan, 1986, *The Economics of Nonprofit Institutions: Studies in Structure and Policy*, Oxford University Press
Salamon, Lester M., 1994, "The Rise of the Nonprofit Sector", *Foreign Affairs*: 73(4): 109-122
Salamon, Lester M. & Anheier, Helmut K., 1994, *The Emerging*

Sector ―*An Overview*, Johns Hopkins University Press（今田忠監訳『台頭する非営利セクター：12ヵ国の規模・構成・制度・資金源の現状と展望』ダイヤモンド社、一九九六）
Salamon, Lester M., 1995, *Partners in Public Service: Government-Nonprofit Relations in the Modern Welfare State*, Johns Hopkins University Press（江上哲監訳『NPOと公共サービス：政府と民間のパートナーシップ』ミネルヴァ書房、二〇〇七）
Salamon, Lester M. & Anheier, Helmut K., 1998, "Social Origins of Civil Society: Explaining the Nonprofit Sector Cross-Nationally" *Voluntas* 9(3): 213–248
Smith, Adam, 1759, *The Theory of Moral Sentiments*（村井章子・北川知子訳『道徳感情論』日経BP社、二〇一四）
Solnit, Rebecca, 2009, *A Paradise Built in Hell: The Extraordinary Communities that Arise in Disaster*, Viking Press（高月園子訳『災害ユートピア：なぜそのとき特別な共同体が立ち上がるのか』亜紀書房、二〇一〇）
Westley, Frances R., Brenda Zimmerman & Michael Patton, 2006, *Getting to Maybe: How the World Is Changed*, Vintage Canada（東出顕子訳『誰が世界を変えるのか：ソーシャルイノベーションはここから始まる』英治出版、二〇〇八）
Weisbrod, Burton A., 1975, "Toward a theory of the voluntary Nonprofit Sector in a Three-Sector Economy" (Phelps, Edmund S. (ed.), *Altruism, Morality, and Economic Theory*, Russell Sage Foundation: 171-195
マックス・ヴェーバー、一九二二（清水幾太郎訳『社会学の根本概念』岩波書店、一九七二）
ヨーゼフ・シュンペーター、一九二六（塩野谷祐一・中山伊知郎・東畑精一訳『経済発展の理論』上下巻、岩波書店、一九七七）

新聞雑誌・報告・調査資料・ホームページなど

『朝日新聞』一九九二年一一月四日朝刊一五面、九五年一月二八日朝刊五面、一月三一日朝刊五面、二月八日朝刊四面
『日本経済新聞』一九九五年二月一四日朝刊二面、三月一一日夕刊一一面、九九年二月二四日朝刊三八面
『スタンフォード・ソーシャルイノベーション・レビュー日本版』一～五号、二〇二二―二三
NPO法人まちぽっと「NPO法（特定非営利活動促進法）制定10年の記録」(https://npolaw-archive.jp/ 二〇二四年三月一日アクセス)
経済企画庁国民生活局、一九九七、「市民活動レポート：市民活動団体基本調査報告書」
公益法人協会、二〇〇九、「シンポジウム 公益法人制度改革と市民社会の新たな展望報告書」
厚生労働省、各年度、「消費生活協同組合（連合会）実態調査」
神戸市、一九九六、「阪神・淡路大震災：神戸市の記録1995年」
国民生活審議会総合企画部会報告、二〇〇七、「特定非営利活動法人制度の見直しに向けて」
国民生活審議会調査部会、一九六九、「コミュニティ：生活の場における人間性の回復」
国立青少年教育振興機構、二〇二一、「高校生の社会参加に関する意識調査報告書：日本・米国・中国・韓国の比較」
笹川平和財団、一九九四、「ドラッカーが語る非営利組織の発

想と企業 講演録（講演者：ピーター・F・ドラッカー・金子郁容）」
シーズ＝市民活動を支える制度をつくる会、一九九四、「設立趣意書」（一九九四年一一月）
社会ネットワークと非営利組織研究プロジェクト、二〇一九、「神奈川県のNPO法人2018：組織と協働の実態」
社会ネットワークと非営利組織研究プロジェクト、二〇二三、「「山陰地域のNPO法人に関する活動調査」報告書」
社会ネットワークと非営利組織研究プロジェクト、二〇二四、「兵庫・神奈川・山陰における「NPO法人に関する活動調査」報告書」
生活復興県民ネット、二〇〇三、「生活復興県民ネットの歩み：2001日の記録」
総合研究開発機構、一九九四、「市民公益活動基盤整備に関する調査研究」
総合研究開発機構、一九九六、「市民公益活動の促進に関する法と制度のあり方：市民公益活動基盤整備に関する調査研究（第二期）」
内閣府、各年度、「特定非営利活動法人に関する実態調査」
内閣府、各年度、「社会意識に関する世論調査」
内閣府、二〇一四、「公益法人制度改革の進捗と成果について：旧制度からの移行期間を終えて」
内閣府、二〇一八年度、「NPO法人に関する世論調査」
内閣府、二〇二一年度、「「子供・若者総合調査」の実施に向けた調査研究」
内閣府、二〇二二年度、「こども・若者の意識と生活に関する調査」
内閣府、二〇二三、「二〇二二年度 市民の社会貢献に関する実態調査」
内務省、一九四〇、「部落会町内会等整備要領」（内務省訓令一七号）
日本ファンドレイジング協会、二〇二一、『寄付白書2021』
日本フランチャイズチェーン協会、各月、「コンビニエンスストア統計調査月報」
阪神・淡路大震災被災地の人々を応援する市民の会編、一九九六、「震災ボランティア：「阪神・淡路大震災被災地の人々を応援する市民の会」全記録」
阪神・淡路ボランティア活動調査委員会、一九九六、「阪神・淡路大震災におけるボランティアの実態調査」
東灘・地域助け合いネットワーク編、一九九六、『ザ・ボランティア：神戸からの経過報告』
兵庫県、一九九六、「阪神・淡路大震災：兵庫県の1年の記録」
兵庫県県民生活部生活文化局生活創造課、二〇〇〇、「阪神・淡路大震災一般ボランティア活動者数推計（平成七年一月〜平成一二年三月）」
兵庫県ホームページ（危機管理部防災支援課）「復興10年総括検証・提言データベース」（https://web.pref.hyogo.lg.jp/kk41/wd33_000000126.html、二〇二四年三月一日アクセス）
ひょうご震災20年ボランタリー活動検証委員会編、二〇一五、「ひょうご震災20年 ボランタリー活動検証報告書」
ひょうご中間支援団体ネットワーク・兵庫県・神戸市、二〇二二、「NPO法人の手引1 設立・運営編」（https://web.pref.hyogo.lg.jp/kk12/index5.html、二〇二四年三月一日アクセス）
ひょうご中間支援の20年研究会編、二〇一五、「中間支援組織の20年：阪神・淡路大震災からのNPO活動と未来」
兵庫県社会福祉協議会ひょうごボランタリープラザ、各年度、「県民ボランタリー活動実態調査報告書」
兵庫県社会福祉協議会ひょうごボランタリープラザ、二〇一八、「ひょうごNPOデータブック2018」
全国社会福祉協議会、二〇一八、「東日本大震災 岩手県・宮城県・福島県のボランティア活動者数」
全社協 全国ボランティア・市民活動振興センター、「全国の社会福祉協議会が把握するボランティア数の現況及び推移」（https://www.zcwvc.net/volunteer/reference/zenshakyo-vc/ 二〇二四年三月一日アクセス）
総務省統計局、各年度、「社会生活基本調査」
厚生労働省ホームページ（消費生活協同組合、社会福祉法人、労働者協同組合）
文部科学省ホームページ（私立学校法人）
Charities Aid Foundation, 2019-2023, *World Giving Index*.（https://www.cafonline.org/about-us/research/caf-world-giving-index 二〇二四年三月一日アクセス）
Independent Sector, 2023, *Trust in Civil Society*.（https://independentsector.org/resource/trust-in-civil-society/ 二〇二四年三月一日アクセス）
World Values Survey Association, 2022, *World Values Survey Wave 7 (2017-2022) Results in % by country weighted by w_weight*（二〇二四年三月一日アクセス）

主要図版出典一覧

認定NPO法人コミュニティ・サポートセンター神戸、兵庫県 4頁
NPO法人ホールアース自然学校、静岡県 5頁
VIA、アメリカ 8頁
NPO法人まちの食農教育、徳島県 10頁
認定NPO法人カタリバ、東京都 54頁
NPO法人COCO湘南、神奈川県 69頁
株式会社Compath、北海道 113頁
認定NPO法人世界の医療団、東京都 ©kazuo koishi 174頁
認定NPO法人かものはしプロジェクト、東京都 *photo by Siddhartha Hajra* 184頁
NPO法人農スクール、神奈川県 200頁
NPO法人あおもり若者プロジェクトクリエイト、青森県 209頁
斜面地・空き家活用団体つくる、長崎県 236頁
共同通信社 22、57頁
時事通信社 25、36頁

してのNPO」は、多くの人にとってもっとも可能性が高いのではないだろうか。ボランティアとして参加する場合、無償のもの、交通費が出るもの、有償のものなど、かかわり方もさまざまある点も企業と大きく異なる。

これらの活動への参加の仕方は、募集の告知を探すか自分から直接問い合わせるかだ。どのような活動かをより知るには、ボランティア情報を探すだけでなく、NPOが主催しているイベントなどに、まず数回でも参加してみて、雰囲気を知ることも一つの方法だろう。雑誌やSNSなどで取り上げられる活動に興味を持って、参加する人も少なくない。

初めて参加する人にとって、一番気がかりなのは、どのNPOがよいかわからないという点ではないだろうか。その場合、中間支援組織など、NPOの参加について相談に乗ってくれる窓口が心強い。

また、身近な地域のボランティアについては、県や各市区町村の社会福祉協議会（https://www.zcwvc.net/about/list.html）に設置されているボランティアセンターにも多くの情報があるだけでなく、参加に関する相談にも乗ってくれるはずだ。

◎支援する

ボランティア参加もNPOへの支援の一つだが、もう一つの大きな支援は寄付である。個々のNPO自身からの呼びかけだけでなく、インターネット上の情報や、中間支援組織からの案内を経由するのが一般的だろう。

クラウドファンディングは、容易に寄付が可能であることに加え、活動の様子や進捗がわかることが何より大きい。なかには、パブリックリソース財団の運営するGive One（https://giveone.net/）や、Yahoo!ネット募金（https://donation.yahoo.co.jp/）のように、NPOへの寄付に特化したオンライン・プラットフォームもある。また、ふるさと納税でも、NPOなどの活動支援にまわるものがある。

なお、寄付先が認定NPO法人や公益法人の場合、所得控除・税額控除を受けることができる。

以上のように、NPOへのかかわり方はさまざまだ。いずれの場合でも、NPOの情報を得るのに便利なサイトやSNSがある。いくつか代表的なサイトを下記にあげる。内閣府のNPOホームページには「NPO法人ポータルサイト」があり、全国の法人情報を検索、情報閲覧することができる。身近なNPO法人がどのような組織かを知るのによいだろう。

・内閣府NPOホームページ（https://www.npo-homepage.go.jp/）
・日本NPOセンター（https://www.jnpoc.ne.jp/）
・国際協力NGOセンター（https://www.janic.org/）
・日本財団CANPAN（https://fields.canpan.info/）
・全国社会福祉協議会 全国ボランティア・市民活動振興センター（https://www.zcwvc.net/volunteer/）

なお、NPO法人については、一連の手続き自体には基本的に費用がかからない。株式会社の場合に必要となる登録免許税がかからず、資本金の準備も必要ないからだ。必要な提出書類の作成にあたっては、行政書士などに依頼する場合は費用がかかるが、先述のように手引きを用いて自分たちで進めれば、印鑑の作成や証明、住民票の発行程度の実費で法人設立が可能である。

運　営

多くの場合、法人を設立し、活動を開始してすぐは、場所や資金の問題が課題となるだろう。場所については、中間支援組織や自治体などが、活動を行う施設を開設・提供している場合がある。また、シェアオフィスやコワーキングスペースなどを活用するケースも珍しくない。

組織運営や活動に役立つITツールなども、グーグル（Google For Nonprofits）やセールスフォース、サイボウズなどが、NPO向けに無償や低額でのプランを用意している。

資金については、立ち上げ支援の助成金などを用意している自治体がある。活動についても、自治体、民間の助成財団、その他中間支援組織を中心に、数多くの助成のメニューがあり、組織単独だけでなく、複数の組織で協働するものに対する助成もある。

また、日本政策金融公庫のソーシャルビジネス支援資金や労働金庫のNPO法人向けローンのように、融資制度を用意する金融機関もある。NPOの運営は、すべて手弁当で行っているのではなく、必要な資金調達はこうして行うことが可能だ。

NPO法人は税制上の優遇措置はないが、認定NPO法人となれば、寄付控除などを受けることができる。この要件などは第3章を参照されたい。

◎働　く

企業で正社員として働くように、NPO法人や公益法人、一般法人に就職・転職し、専従の有給職員として働くということも、すでに珍しいことではない。あるいは、同様に、非常勤で働くこともあり得るだろう。

キャリアとしてのNPOは、待遇面の問題に関心が行きがちだが、組織の理念や取り組みへの共感や自身のやりがい、生き方などとのバランスで決まる側面が大きい。第4章で述べたように、人材は口コミなどのネットワークを介して動いている実態があるが、大規模なNPOなどでは、新卒採用を行ったり、転職求人サイトに情報を出しているところもある。こうした情報へのアクセスは、一般の就職・転職と基本的に同じだが、後述するように、実際の活動へ一度参加してみるなど、活動の様子は行動さえすれば比較的容易に知ることができる。

◎参加する

一般的に、NPOの活動にもっともかかわりやすいのは、その活動にボランティアなどとして参加することだ。NPOで働くことは考えないにしても、運営にかかわることも、あるいは活動の担い手となることもできる。本業を持ちながら、それとは異なる活動を行う「パラレルキャリアの場とる要件を満たしているかを所轄庁が審査する。要件を満たしていれば認証される。

　最後に、認証書の到着後、法務局で登記を申請する必要がある。ここでは定款や就任承諾書に加え、印鑑の届けなどが必要だ。この手続きで、法人が成立する。

　以上が構想から法人設立までの流れだ。順調に進んだとして、準備から概ね3～4ヵ月程度かかる。

図　設立の認証申請から登記完了の届け出まで

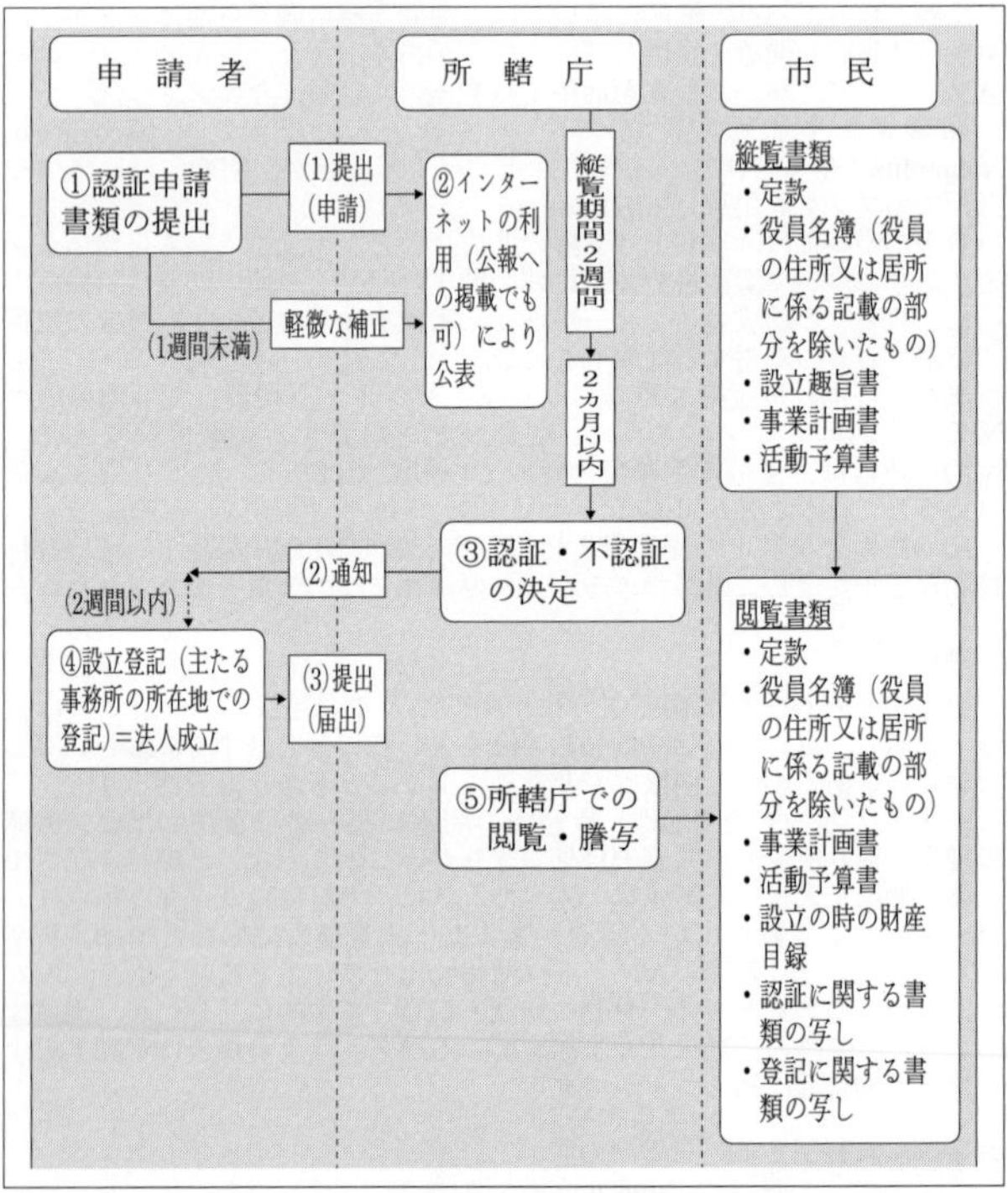

出典：内閣府NPOホームページ「特定非営利活動促進法に係る諸手続の手引き」(2024年3月1日閲覧)

集まって「設立準備会」を開催し、具体的な内容を検討する。①目的や理念、事業内容を検討し、②当面の事業と予算の計画を立て、③組織の運営体制を検討し、④法人設立の要件を整えることが、主にやるべきことだ。組織と活動の指針と内容を深く考える点で、一番重要なフェーズでもある。

これらの具体的内容は、NPO法人の認証を受けるための次の申請書類に記載されることでもある。なかでも重要なのは、①、⑦、⑨、⑩で、これらが組織のあり方を決めものとなる。また、②～⑥は、第３章で述べたNPO法人の設立要件にかかわる書類だ。

［NPO法人の認証申請時に必要な書類］
①定款（法人の目的、事業、組織、意思決定などを定める「法人組織の基本ルール」）
②役員名簿（役員の氏名、住所、報酬の有無を記載した名簿）
③役員の就任承諾、誓約書のコピー（欠格事由に当たらないことなどを誓約したもの）
④役員の住所を証する書面（住民票など）
⑤社員のうち10人以上の名簿（10人以上あれば、社員全員でなくてよい）
⑥確認書（宗教、政治等の団体や暴力団関係でないことを確認するためのもの）
⑦設立趣旨書（法人設立の趣旨や経緯を記載したもの）
⑧設立についての意思の決定を証する議事録のコピー（設立総会の議事録）
⑨設立当初の事業年度及び翌事業年度の事業計画書
⑩設立当初の事業年度及び翌事業年度の活動予算書
⑪設立認証申請書

以上の書類の書き方については、多くのガイドブックが市販されているが、中間支援組織や後述する所轄庁でも手引きや書式・事例が用意されているので、これらを活用すれば作成できるはずだ。

手引きの一例として、ひょうご中間支援団体ネットワーク・兵庫県・神戸市が協働で作成した『NPO法人の手引』（https://web.pref.hyogo.lg.jp/kk12/index5.html）がある。

申　請

書類が整えば、設立時の社員（正会員）が集まって「設立総会」を開催する。書類の内容に問題がないか確認し、必要な修正を行い、申請書類一式を整える。

NPO法人の認証を受けるための申請書類は、都道府県・政令市の所轄庁の窓口に提出する。所轄庁の窓口は、内閣府NPOホームページ（https://www.npo-homepage.go.jp/shokatsucho）で確認できる。必要な手続きや注意事項などは事前に確認しておきたい。書類一式に形式上の不備がなければ、受理される。

書類が受理されると、申請中であることとその内容が広く市民に公表される。この縦覧（申請書類の①②⑦⑨⑩）期間に続いて、NPO法の定め

付　録　NPOにどうかかわるか？
——設立する・働く・参加する・支援する

NPOの活動へのかかわり方には、大きく「設立する」「働く」「参加する」「支援する」の四つがある。ここで、「はじめの第一歩」や「段取り」がわからないと、せっかく関心があっても二の足を踏んでしまう現実もあるように思われる。そこで、特に設立の場合を中心に、その流れを簡単に整理しておこう。なお、詳しい制度の説明は第３章を参照されたい。

◎設立する

NPOのなかでも「狭義のNPO」（第１章）は自発的に設立される任意の団体であるため、公益的な要素を含めば、基本的に誰でもNPOを設立することができる。

ただし、組織として活動を行うには、ともに活動を行う仲間が必要だ。つまり、「活動内容」と「仲間」の二つが揃うことが、NPO立ち上げのスタートになる。ここで「仲間」と言うのは、設立にあたっては利害関係ではなく、価値や理念の共有が重要だからだ。

そのうえで、こうした組織的活動を、法人格を得て行おうとする場合、いくつかの選択肢がある。一般に、市民が設立可能な非営利の法人組織は、特定非営利活動法人（NPO法人）や一般社団法人をはじめ、いくつかの選択肢がある（第３章）。ここでは、NPO法人のケースを想定して、その設立までの基本的な流れを見てみよう。

構　想

最初から具体的な構想が明確に定まっている人はいない。多くの場合、関心や問題意識があっても、いざ設立しようとする際、具体的にどうすればよいかわからないのが本音だろう。こうした場合、相談に乗り、支援してくれるNPOの中間支援組織を探すとよい。

中間支援組織は、一般に「NPOセンター」などの呼称が多いが、統一された名称があるわけでもなく、設置形態も業務内容もさまざまだ（第３章）。一例として、「日本NPOセンター」のホームページには、支援組織と支援施設を列挙した「NPO支援センター一覧」https://www.jnpoc.ne.jp/activity/npo-supporter/to-connect/npo-support-center/があるので、参考になるだろう。どのような地域にも、こうした組織があるはずだ。

この段階で行うことは、先述の「活動内容」を具体的にしていくことだ。この際、中間支援組織のアドバイスや、そこで開催されるセミナー・講座などがありがたい。類似の活動を行っているNPOを調べ、話を聞きに出かけることも有益だろう。さらに、こうした場で自分の問題意識を公言していくことは、仲間づくりにもつながる。NPOは、競争ではなく、共創・協働で成り立つ世界であるため、こうした機会も大事にしたい。

準　備

NPO法人設立に向けて具体的に進めることとなったら、まず発起人が

2014　Google for Nonprofitsの日本提供開始。コミュニティ・オーガナイジング・ジャパン。Learning for All
2015　NPO法人が５万を超える（14年度末までに）。SEALDs。グリーン連合。全国フードバンク推進協議会。日本政策金融公庫「ソーシャルビジネス支援資金」。サイボウズNPOプログラム
2016　改正NPO法（信頼性向上と情報公開の強化拡大）。全国災害ボランティア支援団体ネットワーク。くまもと災害ボランティア団体ネットワーク。非営利組織評価センター。持続可能なスポーツイベントを実現するNGO/NPOネットワーク。第１回ボランティア全国フォーラム（東京）。文科省・環境省「ESD活動支援センター」
2017　改正NPO法施行。NPO法人申請数がこの年度過去最高となり以降微減傾向へ（認定NPO法人は増加傾向）。新公益連盟。核兵器廃絶国際キャンペーンにノーベル平和賞
2018　休眠預金等活用法（20 資金分配団体から助成開始）。全国こども食堂支援センター・むすびえ。第１回フラワーデモ。内閣府「防災における行政のNPO・ボランティア等との連携・協働ガイドブック」
2019　ペシャワール会中村哲医師がアフガニスタンで銃撃死亡。グレタ・トゥーンベリが国連気候行動サミット演説
2020　コロナ禍でNPO活動も大幅に制約される。全社協・さわやか福祉財団・日本NPOセンター・日本生活協同組合連合会・中央共同募金会などの賛同により「新型コロナウイルス下での〝つながり〟をあきらめない地域福祉・ボランティア活動交流サイト」開設。あなたのいばしょ
2021　改正NPO法施行。東京オリンピック・パラリンピックでのボランティア延べ７万6186人（オリンピック５万1672人。パラリンピック２万4514人）
2022　労働者協同組合法施行。まちの食農教育。『スタンフォード・ソーシャルイノベーション・レビュー日本版』創刊
2023　経済同友会「共助資本主義」提唱
2024　能登半島地震でNPOが支援活動

註記：この年表は日本のソーシャルセクターの略史でもある。「主な出来事」には、「NPO」という語が登場する以前からの関連事項を記載した。互助活動、ボランティア活動、NPO、NGOなどの団体・組織、企業の社会貢献活動、政府の関連施策などを含み、大きな影響を及ぼしたものや時代を象徴すると考えられるものに限定した。ただし、記載の団体は事例の一つである。実際にはさまざまな分野で、長らく数多くの取り組みがある。法人格の有無や種別にかかわらず取り上げ、最初の活動年に団体名のみを記載した。また、法律や制度などの施策は、原則として施行年に記載した。なお、作成にあたっては多くの先行研究・資料に依拠した。個別の詳細は出典を参照して欲しい
出典：今田忠、2006『日本のNPO史』ぎょうせい。今田忠、2014『概説市民社会論』関西学院大学出版会。大阪ボランティア協会ボランタリズム研究所監修、2022『日本ボランティア・NPO・市民活動年表（増補改訂版）』明石書店。総合研究開発機構、1994「市民公益活動基盤整備に関する調査研究」。宮垣元、2020『その後のボランティア元年』晃洋書房。その他、各項目の当該ウェブサイトなど

2004	フローレンス。育て上げネット。コリアNGOセンター。フードバンク関西。スローフードジャパン。NOMOベースボールクラブ
2005	全国NPOバンク連絡会。放課後NPOアフタースクール。千葉県市川市「市民活動団体支援制度（1%支援制度）」。国民生活審議会「コミュニティ再興と市民活動の展開」。文科省「コミュニティ・スクール」創設
2006	**ソーシャルビジネスへの関心**。人種差別撤廃NGOネットワーク。チャイルド・ケモ・ハウス。日本DMORT研究会。しゃらく。POSSE。ファザーリング・ジャパン。シブヤ大学。ヒューマンライツ・ナウ。兵庫県「ひょうごボランタリー基金」。**グラミン銀行とムハマド・ユヌスにノーベル平和賞**
2007	**NPO法人が3万を超える（06年度末までに）**。CANPANセンター。ホームレス支援全国ネットワーク。反貧困ネットワーク。TABLE FOR TWO。キッズドア。非営利組織評価研究会（10「エクセレントNPO」をめざそう市民会議）。第1回東京マラソン（1万人のボランティア参加）。経済産業省「ソーシャルビジネス研究会」。雑誌『オルタナ』創刊
2008	**公益法人制度改革（関連3法施行。新しい一般社団・一般財団・公益社団・公益財団法人の創設）**。災害即応パートナーズ（09 Civic Force）。ゆうちょボランティア貯金
2009	日本ファンドレイジング協会。NPO法人会計基準協議会。ヒューマン・ライツ・ウォッチ東京事務所。農家のこせがれネットワーク。黄金町エリアマネジメントセンター。あおもり若者プロジェクトクリエイト。ノーベル。二枚目の名刺。生物多様性条約市民ネットワーク（11 国連生物多様性の10年市民ネットワーク）
2010	**民主党政権「新しい公共」政策（～2012）**。「新しい公共」宣言。新しい公共円卓会議。新しい公共推進会議。**NPO法人が4万を超える**。NPO法人会計基準を公表。Teach For Japan。ファンドレイジング大賞。社会起業大学
2011	**東日本大震災とNPOによる支援活動**。東日本大震災支援全国ネットワーク（JCN）。東北関東大震災・共同支援ネットワーク。みやぎ連携復興センター。石巻災害復興支援協議会。いわて連携復興センター。ふくしま連携復興センター。チャンス・フォー・チルドレン。クロスフィールズ。RCF復興支援チーム。みちのく未来基金。内閣官房震災ボランティア連携室（復興庁ボランティア・公益的民間連携班）
2012	**改正NPO法（20分野に。認定制度の見直し。所轄庁変更。新会計基準など施行）**。休眠口座国民会議。気まぐれ八百屋だんだん（こども食堂）。エクセレントNPO大賞。
2013	**新公益法人制度への移行完了と一般社団法人の拡大**。ヘイトスピーチとレイシズムを乗り越える国際ネットワーク。ひょうごコミュニティ財団。農スクール。コード・フォー・ジャパン。虹色ダイバーシティ。ポスト2015NGOプラットフォーム（16 SDGs市民社会ネットワーク）。「大雪りばぁねっと。」代表らによる事業委託費横領事件。内閣府「共助社会づくり懇談会」

山。樹恩ネットワーク。NGO・JICA協議会。日本ボランティア学習学会。ひと・まち・未来ワーク情報プロジェクト『ひと・まち・未来ワーク』創刊

1999 **NPO法人認証始まる。NPO法人申請数が1000件を超える。**ふらの演劇工房。しみん基金・KOBE。震災復興市民検証委員会。市民セクターよこはま。宝塚NPOセンター。NPO事業サポートセンター。宅老所・グループホーム全国ネットワーク。ドナルド・マクドナルド・ハウス・チャリティーズ・ジャパン。釜ヶ崎のまち再生フォーラム。北海道グリーンファンド。明治学院大学ボランティアセンター。日本NPO学会。国際ボランティア学会。NPO議員連盟。日興エコファンド（初の社会的責任投資ファンド）。セールスフォースの社会貢献活動（1-1-1モデル）。外務省「草の根文化無償資金協力」。外務省「NGO相談員制度」。雑誌『ソトコト』創刊。**国境なき医師団にノーベル平和賞**

2000 ジャパン・プラットフォーム。パブリックリソースセンター。コミュニティシンクタンク・評価みえ。びーのびーの。HANDS。建築Gメンの会。日本スポーツボランティア・アソシエーション。市民福祉団体全国協議会。障害に関する世界NGOサミット（北京）。東京ろうきん・近畿ろうきん「ろうきんNPO事業サポートローン」。教育改革国民会議（奉仕活動義務化を提起）。国民生活白書「ボランティアが深める好縁」

2001 **認定NPO法人制度の創設。国連ボランティア国際年。**IAVE第1回青年ボランティア世界会議（東京）。カタリバ。自立生活サポートセンター・もやい。日本ボランティアコーディネーター協会。教育協力NGOネットワーク。フリースクール全国ネットワーク。トリトン・アーツ・ネットワーク。アフガン難民・復興支援NGO連絡会。神奈川県「かながわボランタリー活動推進基金21」。NGO・JBIC定期協議会。外務省「NGO研究会」。厚労省「勤労者マルチライフ支援事業」

2002 **若い世代の社会起業家・事業志向のNPOの広がり。**中間法人法施行（～08まで）。流山裁判（有償ボランティア活動への課税判断に対する訴訟）。かものはしプロジェクト。北海道NPOバンク。フードバンクジャパン。CODE海外災害救援市民センター。NGO非戦ネット。ひょうごボランタリープラザ。市民社会創造ファンド。パートナーシップ大賞創設。NEC学生起業塾（10 社会起業塾イニシアティブ）。**全国知事会「NPO・NGO、ボランティア活動と行政のパートナーシップについて」。**外務省「日本NGO支援無償資金協力」（07 日本NGO連携無償支援協力）

2003 **NPO法人が1万を超える（02年度末までに）。改正NPO法施行（経済・雇用など5分野追加など）。CSR元年。**ap bank。ソーシャルベンチャーパートナーズ東京。ビッグイシュー日本。京都三条ラジオカフェ。川西市市民活動センター市民事務局（05 市民事務局かわにし）。第1回全国アートNPOフォーラム（神戸）。大学入試センター試験で「NPO」記載。Yahoo!ボランティア開設。企業フィランソロピー大賞

ア」放送開始。経企庁「自覚と責任ある社会へ」。厚生省「都道府県・指定都市・市区町村ボランティアセンター活動事業」。NHK「ボランティアに関する調査」。レスター・サラモン『フォーリン・アフェアーズ』誌に論文（"Global Associational Revolution"への関心）

1995 阪神・淡路大震災と「ボランティア元年」。市民団体などによるNPO関連法試案・要望など相次ぐ。与党NPOプロジェクトなど与野党によるNPO関連法案策定。政府18省庁「ボランティア問題に関する関係省庁連絡会議」。阪神・淡路大震災・被災地の人々を応援する市民の会。阪神大震災地元NGO救援連絡会議 。東灘・地域助け合いネットワーク。市民・連合ボランティアネットワーク。関西学院ヒューマンサービスセンター。震災・活動記録室（99 市民活動センター・神戸）。FMわいわい 。多文化共生センター。インターVネット。世界の医療団日本事務局。メンズリブ東京。日本グラウンドワーク協会。市民活動の制度に関する連絡会。関係省庁連絡会議ボランティア支援立法中間報告。日本福祉教育・ボランティア学習学会。全国メセナ組織連絡会（98 全国メセナネットワーク）。第１回スペシャルオリンピックス。NGOフォーラム北京'95。消防庁「防災とボランティア週間」。人事院勧告「国家公務員に対するボランティア休暇制度の導入」。

1996 市民団体などによるNPO関連法に関するシンポジウム・フォーラムが98年頃まで活発に。与党３党「市民活動促進法案」を衆院提出。大阪NPOセンター。日本NPOセンター。神戸復興塾。阪神・淡路大震災『仮設』支援連絡会（98 被災地NGO協働センター）。日本災害救援ボランティアネットワーク。地球環境パートナーシッププラザ。きょうと学生ボランティアセンター。コミュニティ・サポートセンター神戸。阪神・淡路コミュニティ基金。ピースウィンズ・ジャパン。湘南ふくしネットワーク（01 湘南ふくしネットワークオンブズマン）。市民福祉サポートセンター。新しい歴史教科書をつくる会。ガーディアン・エンジェルス。気候フォーラム（98 気候ネットワーク）。介護の社会化を進める１万人市民委員会。かながわ県民活動サポートセンター。三井ボランティアネットワーク事業団。NGO・外務省定期協議会

1997 与党３党・民主党「市民活動促進法案」を衆院可決。第１回NPO全国フォーラム（横浜）。せんだい・みやぎNPOセンター。NPO政策研究所。市民フォーラム21・NPOセンター。青空文庫（電子書籍）。地雷廃絶日本キャンペーン。ワーカーズ・コレクティブネットワークジャパン「ワーカーズコレクティブ法案」。グリーンコンシューマー全国ネットワーク。郵政省各郵便局にボランティア・コーナー設置。地雷禁止国際キャンペーンにノーベル平和賞

1998 特定非営利活動促進法（NPO法）が可決、成立、施行。各自治体で市民活動の環境整備に関する条例制定進む。パートナーシップ・サポートセンター。きょうとNPOセンター。日本フリースクール協会。全国不登校新聞社。子ども劇場全国センター（04 子どもNPO・子ども劇場全国センター）。COCO湘南。クリーンアップ神

1988 住民参加型在宅福祉サービス団体が200超。長寿社会文化協会。北九州越冬実行委員会（14 抱樸）。過労死110番全国ネットワーク。まちづくり情報センターかながわ

1989 全社協・第1回全国ボランティア大会（東京）。日本ネットワーカーズ会議。市民バンク。気候行動ネットワーク（CAN）。グリーンピース・ジャパン。外務省「NGO事業補助金制度」

1990 **フィランソロピー元年**。住民参加型在宅福祉サービス団体全国連絡会。IAVE日本。医療人権センターCOML（94 ささえあい医療人権センターCOML）。アジアNGOフォーラム。JICAシニア協力専門家（98 シニア海外協力隊）。企業メセナ協議会。経団連1％クラブ。富士ゼロックスがボランティア休暇制度。【海外】アメリカでボランティア振興法。五島記念文化財団（19 東急財団）。

1991 **ピーター・ドラッカー『非営利組織の経営』訳**。さわやか福祉推進センター（95 さわやか福祉財団）。大阪コミュニティ財団。プロップ・ステーション。日本ケアシステム協会。子どもの権利条約ネットワーク。A SEED JAPAN。ネットワーク地球村。世界NGO会議（パリ）。第1回メセナ大賞。経団連社会貢献部。国土庁「災害時におけるボランティア活動の活用方策に関する調査報告書」。郵政省「国際ボランティア貯金」。厚生省「ふれあいのまちづくり事業」

1992 全社協・第1回全国ボランティアフェスティバル（兵庫、～15 福島まで）。地球サミットに合わせてNGOフォーラム。グラウンドワーク三島。国境なき医師団日本事務局（97 同日本支部）。ハウジングアンドコミュニティ財団。地雷禁止国際キャンペーン。メイク・ア・ウィッシュ・オブ・ジャパン。女性の家サーラー。世田谷まちづくりセンター。第1回YOSAKOIソーラン祭り。第1回国際協力フェスティバル。ベネッセハウス（98 直島などでアートプロジェクト開始）。**国際NPO学会（ISTR）**。厚生省『厚生白書』でボランティア関連の章

1993 NPO研究フォーラム。NPO推進フォーラム（96 NPOサポートセンター）。東京ランポ（07 まちぽっと）。ETIC.（00 NPO法人化）。地球環境基金。大阪セルフヘルプ支援センター。このゆびとーまれ。カシマスポーツボランティアセンター。労働省勤労者ボランティアセンター。トヨタボランティアセンター。**中央社会福祉審議会「ボランティア活動の中長期的な振興方策について」**。全社協「ボランティア活動推進7カ年プラン」。文部省「高校入試の内申書におけるボランティア活動歴の積極的評価」。経企庁『国民生活白書』でボランティアの記述。

1994 **NPOとその法制度への関心の高まり。総合研究開発機構『市民公益活動基盤整備に関する調査研究報告書』およびフォーラム。与野党でNPO関連研究会発足**。東京ランポ「市民活動推進法私案」。「広がれボランティアの輪」連絡会議。シーズ＝市民活動を支える制度をつくる会。未来バンク事業組合。関学学習指導会（99 ブレーンヒューマニティー。全国初の学生NPO法人）。全国コミュニティ放送協議会（02 日本コミュニティ放送協会）。日本フィランソロピー協会。第1回レズビアン＆ゲイパレード。NHK「週刊ボランティ

国際ボランティア会)。幼い難民を考える会。市民オンブズマン。呆け老人をかかえる家族の会(06 認知症の人と家族の会)。男も女も育児時間を!連絡会。しんぐるまざあず・ふぉーらむ。情報公開法を求める市民運動(99 情報公開クリアリングハウス)。山村硝子「社会活動部」。文部省「婦人ボランティア活動振興事業」

1981 東京ボランティア・センター。大阪ボランティア協会編『ボランティア:参加する福祉』(ミネルヴァ書房)。上智社会福祉専門学校ボランティアビューロー。社会運動研究センター(96 市民セクター政策機構)。おもちゃ図書館(三鷹)。PHD協会。大分国際車いすマラソン(ボランティアの参加)。大阪ガス「ボランティア講座」(社員向け)。経企庁「ボランティア活動の実態」

1982 **有償ボランティアや事業型の活動が現れ始める**:神戸ライフ・ケアー協会。ワーカーズ・コレクティブにんじん。ホールアース自然学校。愛知県防災ボランティアグループ登録制度(最初の登録制度)。

1983 NGO関係者懇談会(87 NGO活動推進センター、01 国際協力NGOセンター)。ペシャワール会。シェア=国際保健協力市民の会。ピースボート。日本フォスター・プラン協会(16 プラン・インターナショナル)。たまり場ぱれっと(02 ぱれっと)。高齢化社会をよくする女性の会。災害遺児育英募金(93 あしなが育英会)。灘神戸生協・コープくらしの助け合いの会。青年海外協力協会(協力隊のOBOG組織)。劇団態変(障害者らによる劇団)。ナショナル・トラストを進める全国の会(92 日本ナショナル・トラスト協会)。第1回全国民間ボランティアセンター関係者懇談会(大阪)。総理府「ボランティア活動に関する世論調査」。経企庁「自主的社会参加活動の意義と役割」

1984 アジア医師連絡協議会(AMDA)。べてるの家。第1回精神衛生ボランティア講座(神奈川県社協)。環境庁「環境ボランティア構想」。厚生省『厚生白書』でボランティアの項。日本青年奉仕協会『グラスルーツ』創刊

1985 **全社協「福祉ボランティアのまちづくり」(ボラントピア)事業**。関西NGO連絡会(94 関西NGO協議会)。ADRA日本支部。助成財団センター。東京シューレ。東京ダルク。プレス・オールターナティブ。助成財団資料センター(96 助成財団センター)。第13回ユニバーシアード神戸大会(8000人超のボランティア参加)。文部省「青少年ボランティア参加促進事業」。環境庁「パークボランティア養成事業」

1986 ヒューマンケア協会。セーブ・ザ・チルドレン・ジャパン。日本患者・家族団体連絡協議会(05 日本難病・疾病団体協議会)。女性の家HELP。第3世界ショップ(初のフェアトレード)。笹川平和財団。社会教育審議会「社会教育施設におけるボランティア活動の促進について」

1987 全社協・全国ボランティアのつどい。**全社協「住民参加型在宅福祉サービスの展望と課題」(有償ボランティア論争について)**。ケア・センターやわらぎ。ワールド・ビジョン・ジャパン。熱帯林行動ネットワーク。セゾン文化財団

1971 大阪ボランティア協会編『ボランティア・ハンドブック』。東京いのちの電話。空襲・戦災を記録する全国連絡会議。関西公共広告機構（09 ACジャパン）。**中央社会福祉審議会答申「コミュニティ形成と社会福祉」**。自治省「モデル・コミュニティ」39ヵ所指定。【海外】グリーンピース（カナダ）。国境なき医師団（フランス）。RSVP（アメリカの退職者ボランティア制度）

1972 公益法人協会。ヘルプ・バングラデシュ・コミティ（74 シャプラニール）。リブ新宿センター。東京都立多摩社会教育会館市民活動サービスコーナー。ヤクルト「愛の訪問活動」（ヤクルトレディによる高齢者への友愛訪問）。【海外】重度障害者の自立生活センター（アメリカ・バークレー市）

1973 **東京都ボランティア・コーナー（98 東京ボランティア・市民活動センター）**。奈良たんぽぽの会。ボランティア労力銀行。アジア太平洋資料センター。使い捨て時代を考える会。【海外】アメリカで国内ボランティア法

1974 全国子ども劇場おやこ劇場連絡会。全国無認可保育所連絡協議会。東京動物園ボランティアーズ。美術館ボランティア（北九州市立美術館）。家庭科の男女共修をすすめる会。町並み保存連盟（75 全国町並み保存連盟）。リサイクル運動市民の会。トヨタ財団

1975 **全社協・中央ボランティアセンター（77 全国ボランティア活動振興センター）**。大阪おもちゃライブラリー。第1回わたぼうしコンサート（奈良たんぽぽの会）。兵庫県ボランティア憲章草案。神戸市社協ボランティア情報センター

1976 大阪ボランティア協会・第1回ボランティアコーディネーター養成講座。各社協で善意銀行からボランティアセンターへの改称進む。世界青年ボランティア会議（東京）。住民図書館（新宿）。文部省「婦人ボランティア活動促進事業」。【海外】ボランティア活動国際会議（オーストリア）。グラミン銀行（バングラデシュ）

1977 **全社協・ボランティア保険制度**。全社協『月刊ボランティア情報』創刊。日本シルバーボランティアズ。共同作業所全国連絡会（01 きょうされん）。アジアの女たちの会（95 アジア女性資料センター）。厚生省「学童・生徒のボランティア活動普及事業」

1978 男の子育てを考える会。【海外】イギリス『ボランタリー組織の将来』（ウルフェンデン報告。社会サービス供給をインフォーマル、公的、民間営利、民間非営利に類型）

1979 インドシナ難民を助ける会（84 難民を助ける会）。カンボジア難民救援会。奈良地域社会研究会（84 奈良まちづくりセンター）。羽根木プレーパーク（世田谷）。中高年雇用者・福祉事業団全国協議会。松下政経塾。サントリー文化財団。日本生命財団。**全社協「ボランティア活動振興のための提言」**。大阪ボランティア協会『ボランティア・コーディネーターの手引き』。朝日新聞「朝日ボランティア奨励金」。文部省「婦人ボランティア活動振興事業」

1980 **全国ボランティア活動振興センター「ボランティアの基本理念とボランティアセンターの役割」。NGOの設立増加**。日本国際ボランティアセンター。曹洞宗東南アジア難民救済会議（99 シャンティ

根っこの会

1960 60年安保闘争（安保条約改定反対運動）。声なき声の会。教育設備助成会（97 ベルマーク教育助成財団）。NHK厚生文化事業団。【海外】チャリティ法（イギリスのチャリティ団体制度）、CUSO（カナダの学生海外ボランティア支援）。CSV（イギリスの地域ボランティア支援）

1961 第１回学生ボランティア会議（東京）。サントリー美術館。【海外】ピースコープ（アメリカのボランティア推進プログラム）

1962 善意銀行（徳島・大分）。灘生協と神戸生協が合併し灘神戸生活協同組合（91 生活協同組合コープこうべ）。全国老人クラブ連合会。淀川キリスト教病院でボランティア受け入れ開始。日本船舶振興会（11 日本財団）

1963 富山県善意銀行。ベターホーム協会。【海外】AFVP（フランスの海外ボランティア派遣団体）。VIA（アメリカ）

1964 全国子ども会連合会。【海外】VISTA（アメリカの貧困支援の青年ボランティア制度）

1965 民間初のボランティアセンター：ボランティア協会大阪ビューロー（69 大阪ボランティア協会）。同所で初のボランティアスクール。富士新報福祉事業団（72 富士福祉事業団）。日本青年海外協力隊（ODAの一環として）。ベトナムに平和を！市民連合（ベ平連）。神戸市長田区丸山地区防犯協議会・真野地区福祉会（住民主体のまちづくりの先駆）。オイスカ・インターナショナル（95 オイスカ）。生活クラブ（68 生活クラブ生協）

1966 京都学生ボランティア協会。日本アビリティーズ協会。言友会。福岡子ども劇場。ヤマハ音楽振興会。山種美術館。出光美術館。富士新報福祉事業団『月刊ボランティア』創刊。大阪ボランティア協会『月刊ボランティア』創刊（03『ウォロ』）

1967 日本青年奉仕協会（JYVA）。ボランティア協会兵庫ビューロー（84 兵庫県ボランティア協会）。交通事故遺児を励ます会。サリドマイド被害児を守る会。【海外】アメリカ・UCバークレーでパブリック・サービス・センター

1968 全社協「ボランティア育成基本要項」。富士ボランティア・ビューロー。全国VYS連絡協議会。WWFジャパン。カネミ油症被害者の会

1969 日本初の入門書『ボランティア活動』（ミネルヴァ書房）。日本消費者連盟創立委員会（74 日本消費者連盟）。全国スモンの会。国民生活審議会「コミュニティ：生活の場における人間性の回復」

1970 全国社会福祉大会シンポジウム「ボランティア活動をどう推進するか」。全社協・第１回ボランティア活動育成研究協議会。仙台で「福祉のまちづくり市民の集い」（全国に広まる）。IAVE（ボランティア活動推進国際協議会、２年ごとに世界各地で国際会議開催）。日本国際交流センター、アムネスティ・インターナショナル日本支部。病院ボランティア連絡会（74 日本病院ボランティア協会）。ミズノスポーツ振興会（11 ミズノスポーツ振興財団）。厚生省「手話通訳・点字奉仕員養成事業」（行政による養成の先駆）

NPO関連年表

年	主な出来事
1945	**戦後の支援、生活、創造に向けた市民の活動が始まる**（国際平和協会、広島戦災者同盟、長崎戦災者連盟、在外戦災協力会、広島戦災児育成所、鴻池主婦の会、高崎市民オーケストラなど）。日本協同組合同盟（51 日本生活協同組合連合会に）
1946	ララ物資横浜初入港。飯米獲得人民大会（食糧メーデー）。ハンセン病療養所で患者自治会結成の動き。公民館の設置始まる。北大阪母の会。鎌倉大学校。全国中等学校野球連盟（63 日本高等学校野球連盟）。雑誌『スタイルブック』創刊（53『暮しの手帖』）
1947	**青年ボランティア活動の広がり**（京都少年保護学生連盟を皮切りに戦災孤児へのBBS運動広まる）。社会事業共同募金中央委員会（52 中央共同募金会）による第1回**共同募金運動**。全国学校協同組合連合会（58 全国大学生活協同組合連合会）。厚生省「国民たすけあい運動」。町内会・部落会・隣組廃止
1948	**日本赤十字奉仕団、社会事業ボランティーア協会（大阪で日本初のボランティアセンター）**。日本ユネスコ協力会連盟（51 日本ユネスコ協会連盟）。主婦連合会。各地でヤミ不買同盟結成
1949	倉敷都市美協会（町並み保存の先駆）。ガールスカウト日本連盟。ボーイスカウト日本連盟。尾瀬保存期成同盟（51 日本自然保護協会）
1950	**東京大学セツルメント（49 キティ台風を契機に再開）**。全国BBS協議会（53 全国BBS連盟）。大阪で老人クラブ。日本ユニセフ協会。
1951	NHK歳末たすけあい運動。原爆傷害者更生会。全国国立らい療養所患者協議会（96 全国ハンセン病療養所入所者協議会）。東京有職婦人クラブ
1952	**愛媛でVYS運動始まる**。日本子どもを守る会。原爆被害者の会。ブリヂストン美術館。精神薄弱児育成会（14 全国手をつなぐ育成会連合会）
1953	日本婦人団体連合会。断酒友の会（日本初の断酒会）
1954	全国セツルメント連合結成大会。働く母の会。全国里親連合会（71 全国里親会）
1955	**第1回原水爆禁止世界大会（広島）**。全国生協婦人協議会
1956	日本原水爆被害者団体協議会。日本協同組合連絡協議会（18 日本協同組合連携機構）。岡山県森永ミルク中毒の子供を守る会（83 森永ミルク中毒の被害者を守る会）
1957	学生ボランティア協会（大阪）。国連NGO国内婦人委員会。青い芝の会
1958	日本点字図書館「声のライブラリー」。日本有職婦人クラブ全国連合会（94 日本BPW連合会）。【海外】VSO（イギリスの学生海外ボランティア支援）
1959	**全社協「社会福祉のボランティア育成と活動推進のために」**。若い

宮垣 元（みやがき・げん）

1970（昭和45）年兵庫県生まれ．94年慶應義塾大学環境情報学部卒．2001年同大学大学院政策・メディア研究科博士課程単位取得退学．博士（政策・メディア）．同年より甲南大学文学部社会学科専任講師，同教授などを経て，14年より慶應義塾大学総合政策学部教授．専攻／社会学，経済社会学，非営利組織論，コミュニティ論．

著書

『ヒューマンサービスと信頼──福祉NPOの理論と実証』（慶應義塾大学出版会，2003年）

『その後のボランティア元年──NPO・25年の検証』（晃洋書房，2020年）

編著

『入門 ソーシャルセクター──新しいNPO／NGOのデザイン』（ミネルヴァ書房，2020年）

共編著

『コミュニティの再生──経済と社会の潜在力を活かす』（中央経済社，2016年）

『ヒューマンサービスとコミュニティ──支え合う社会の構想』（勁草書房，2022年）

『社会イノベーションの方法と実践』（慶應義塾大学出版会，2023年）他多数

NPO《エヌピーオー》とは何《なに》か
中公新書 *2809*

2024年 6 月25日発行

著 者 宮垣 元
発行者 安部順一

本文印刷 暁 印 刷
カバー印刷 大熊整美堂
製 本 小泉製本

発行所 中央公論新社
〒100-8152
東京都千代田区大手町1-7-1
電話 販売 03-5299-1730
　　 編集 03-5299-1830
URL https://www.chuko.co.jp/

Published by CHUOKORON-SHINSHA, INC.
Printed in Japan ISBN978-4-12-102809-9 C1236

中公新書刊行のことば

いまからちょうど五世紀まえ、グーテンベルクが近代印刷術を発明したとき、書物の大量生産は潜在的可能性を獲得し、いまからちょうど一世紀まえ、世界のおもな文明国で義務教育制度が採用されたとき、書物の大量需要の潜在性が形成された。この二つの潜在性がはげしく現実化したのが現代である。

いまや、書物によって視野を拡大し、変りゆく世界に豊かに対応しようとする強い要求を私たちは抑えることができない。この要求にこたえる義務を、今日の書物は背負っている。だが、その義務は、たんに専門的知識の通俗化をはかることによって果たされるものでもなく、通俗的好奇心にうったえて、いたずらに発行部数の巨大さを誇ることによって果たされるものでもない。現代を真摯に生きようとする読者に、真に知るに価いする知識だけを選びだして提供すること、これが中公新書の最大の目標である。

私たちは、知識として錯覚しているものによってしばしば動かされ、裏切られる。私たちは、作為によってあたえられた知識のうえに生きることがあまりに多く、ゆるぎない事実を通して思索することがあまりにすくない。中公新書が、その一貫した特色として自らに課すものは、この事実のみの持つ無条件の説得力を発揮させることである。現代にあらたな意味を投げかけるべく待機している過去の歴史的事実もまた、中公新書によって数多く発掘されるであろう。

中公新書は、現代を自らの眼で見つめようとする、逞しい知的な読者の活力となることを欲している。

一九六二年一一月

中公新書

社会・生活

2484 社会学　加藤秀俊
1242 社会学講義　富永健一
1910 人口学への招待　河野稠果
2282 地方消滅　増田寛也編著
2333 地方消滅 創生戦略篇　増田寛也 冨山和彦
2715 縛られる日本人　メアリー・C・ブリントン 池村千秋訳
2794 流出する日本人―海外移住の光と影　大石奈々
2580 移民と日本社会　永吉希久子
2454 人口減少と社会保障　山崎史郎
2446 人口減少時代の土地問題　吉原祥子
2607 アジアの国民感情　園田茂人
1479 安心社会から信頼社会へ　山岸俊男
2322 仕事と家族　筒井淳也
2768 ジェンダー格差　牧野百恵
2737 不倫―実証分析が示す全貌　五十嵐彰 迫田さやか

2431 定年後　楠木新
2486 定年準備　楠木新
2577 定年後のお金　楠木新
2704 転身力　楠木新
2632 男が介護する　津止正敏
2488 ヤングケアラー―介護を担う子ども・若者の現実　澁谷智子
2138 ソーシャル・キャピタル入門　稲葉陽二
2184 コミュニティデザインの時代　山崎亮
1537 不平等社会日本　佐藤俊樹
2489 リサイクルと世界経済　小島道一
2604 SDGs（持続可能な開発目標）　蟹江憲史
2809 NPOとは何か　宮垣元

中公新書

教育・家庭

m 1